KB095342

부와 투자의 비밀

한 번도 경험해보지 못한 부의 시대가 열린다

부와 투자의 비밀

김도정 지음

메이트북스

메이트북스

우리는 책이 독자를 위한 것임을 잊지 않는다.
우리는 독자의 꿈을 사랑하고,
그 꿈이 실현될 수 있는 도구를 세상에 내놓는다.

부와 투자의 비밀

초판 1쇄 발행 2020년 10월 15일 | 지은이 김도정
펴낸곳 (주)원앤원콘텐츠그룹 | 펴낸이 강현규 · 정영훈
책임편집 안정연 | 편집 유지윤 · 오희라 | 디자인 최정아
마케팅 김형진 · 차승환 · 정호준 | 경영지원 최향숙 · 이혜지 | 홍보 이선미 · 정채훈
등록번호 제301 - 2006 - 001호 | 등록일자 2013년 5월 24일
주소 04607 서울시 중구 다산로 139 랜더스빌딩 5층 | 전화 (02)2234 - 7117
팩스 (02)2234 - 1086 | 홈페이지 www.matebooks.co.kr | 이메일 khg0109@hanmail.net
값 16,000원 | ISBN 979-11-6002-304-6 03320

이 도서의 국립중앙도서관 출판시도서목록(CIP)은 e - CIP홈페이지(http://www.nl.go.kr/ecip)에서
이용하실 수 있습니다.(CIP제어번호 : CIP 2020038165)

강세장만 오면 사람들은 자신이 똑똑하다고 생각한다.
강세장에서 자신이 똑똑하다고 착각하는 사람이
얼마나 많은지 놀라울 정도다.

• 짐 로저스(세계 3대 투자가) •

본질에 대한 이해는
성찰의 노력에서 나온다!

이 책은 '자본주의와 투자의 본질을 쉽게 풀어내보자'는 목표에서 출발했습니다. "자본주의가 무엇인가?"라고 질문하면 노벨 경제학상을 받은 경제학자도 쉽게 대답하기 어려운 주제가 될 것입니다.

자본주의는 거대한 코끼리와 같아서 아무리 노력해도 그 전체의 모습을 다 알기 어려울 수도 있습니다. 당연히 이 책에서도 자본주의 전체를 그려내는 데 초점을 맞추지 않습니다. 다만 3가지 핵심 원리를 중심으로 자본주의와 투자의 본질적 모습 중 일부만 살펴볼 뿐입니다.

그 첫째 원리는 '많고 적음'입니다. 이는 경제학 교과서에 나오는 수요와 공급의 법칙과 큰 연관이 있습니다. 다만 '수요와 공급의 법칙'이라고 하면 우리는 어떤 시장 안에서의 수요와 공급의 변화라는 정형화된 틀 안에서만 이 법칙을 생각합니다. 그런데 이 '많고 적음'은 훨씬 넓은 곳에 적용할 수 있습니다.

'많고 적음'은 가치와 가격을 결정하는 핵심적인 원리로서 투자의 세계에서도, 경제의 여러 현상들을 설명하고 이해하는 데도 유용합니다. 이는 '귀한가, 흔한가'로도 표현할 수 있으며, '희소성'이라는 단어로 나타낼 수 있습니다. '상대적인 많고 적음'이라는 한 가지 개념틀만 자유자재로 활용할 수 있어도 현명한 경제생활 내지는 성공적 투자에 큰 도움이 되리라 믿어 의심치 않습니다.

둘째는 '확산과 수렴'의 원리입니다. '확산과 수렴'은 '근본 fundamental 혹은 실재에서 지나치게 벗어나면 다시 수렴하게 된다'는 것을 의미합니다. 이 원리는 세계적인 투자자들인 앙드레 코스톨라니Andre Kostolany의 '코스톨라니의 달걀'이나 리처드 번스타인Richard Bernstein의 '이익예상 라이프사이클Earnings Expectation Life Cycle', 그리고 조지 소로스George Soros의 재귀성이론 theory of reflexivity과도 일맥 상통합니다.

다만 이 책에서는 '수렴과 확산'의 원리가 단지 자산가격만이 아니라 '평균 수렴' '생산성과 급여' '인식과 실재'와 같은 폭넓은 경제현상과 사회현상에 확대해서 적용될 수 있다는 것을 주장하고자 합니다.

셋째는 '위험 대비 수익리스크 대비 리턴'의 원리입니다. 이 원리에는, 위험이 정당하게 보상받아야만 경제활동과 투자활동이 합리적으로 지속될 수 있다는 뜻이 담겨 있습니다. 또한 무엇을 얻기 위해서는 그만큼의 위험을 감수해야 한다는 의미도 포함합니다. 그래서 '위험이 높은 만큼 수익도 크다'라는 '하이 리스크, 하이 리턴High Risk, High Return'이나 '위험이 없으면 수익도 없다'라는 '노 리스크, 노 리턴No Risk, No Return'이라는 말은 널리 알려져 있습니다.

그런데 최근에는 저금리와 중앙은행의 양적완화로 투자대상의 '위험 대비 수익'의 원칙이 왜곡되기 시작했습니다. 대표적인 자산인 채권시장의 고평가가 다른 자산시장으로 확산되는 추세가 감지됩니다. 경제성장과 경기침체 방어를 위해 불가피하게 확대해온 부채에 대해서도 우려의 목소리가 갈수록 높아지고 있습니다.

이 책은 자본주의의 본질과 핵심 원리를 제시하는 것을 넘어 투자, 그중에서도 특히 '어떻게 하면 주식투자를 잘 할 수 있을까'라는 주제를 다룹니다. '주식투자'라고 하면 '어떻게 좋은 종목을 찾을까'를 먼저 떠올릴 것입니다. 이것이 투자성공의 기본임에는 분명하지만, 그것만으로는 부족해 보입니다.

'좋은 종목'을 찾았다 하더라도 가격변동성이 심한 주식시장에서 지속적으로 성공하기 위해서는 그 이상의 무엇이 필요합니다. 한두 번 혹은 잠시의 성공은 행운의 힘으로 이루어질 수 있지만 그 성공을 지속시키기 위해서는 진정한 실력이 필요합니다.

진정한 실력은 단지 종목 발굴만이 아니라 역발상으로 용기 있게 투자해 가격의 변동에도 요동하지 않고 시장이 환호할 때 절제할 수 있는 태도 등을 포함합니다. 투자의 대가들도 실패 속에서 교훈을 얻는 자기성찰이야말로 성공하는 투자의 필수요소라고 지적하고 있습니다. 그러나 현실에서는 일반 투자서적에서 자기성찰의 구체적인 내용과 같은 내밀한 이야기를 만나기란 쉽지 않은 게 사실입니다.

2008년 미국 금융위기 이후 자본주의 시스템의 불안정성으로 인해 금융시장 전체의 변동성도 커지고 있습니다. 종목과 산업을 넘어 시장 전체에 대한 이해와 성찰도 점점 중요해지고 있습니다.

제가 그간 몸담았던 에셋디자인투자자문 10년, 그 속에서 겪었던 다양한 성공과 실패의 경험을 이 책을 통해 세상과 나누고자 합니다. 우리는 '시장 상황에 따라 투자비중을 탄력적으로 조절하자' '잃지 않는 투자를 실천하자' 등의 슬로건 하에 거시 경제와 시장 전체에 대해서도 꽤 많은 고민을 하며 회사를 이끌어 왔습니다.

우리의 다양한 시행착오와 좌충우돌의 경험들이, 지금 이 시점의 많은 투자자들에게도 분명 도움이 될 것으로 생각됩니다. '선병자의先病者醫, 먼저 병을 앓았던 이가 의사가 된다'라는 말이 있듯 특히 저같이 평범한 사람이 주식시장에 입문해 겪었던 수많은 어려움과 그 속에서 느꼈던 작은 깨달음들이 많은 이들에게 도움이 되기를 바라며 이 책을 썼습니다.

이 책의 내용은 크게 2부로 이루어져 있습니다.

우선 1부에서는, '많고 적음' '확산과 수렴' '위험 대비 수익'이라는 3가지 원리를 가지고 자본주의와 투자의 가장 깊은 본질을 파헤치는 과정이 포함됩니다. 가격의 결정, 인플레이션, 디플레이션, 저금리 시대의 도래와 부채의 이슈 등 자본주의의 주요한 이슈들 중에서 투자에 꼭 필요한 내용을 간추려서 정리해보았습니다.

이어 2부에서는 주식투자자라면 꼭 기억해야 할 투자의 상식들, 좋은 종목 발굴법과 더불어 수익률의 안정성을 높여주는 리스크 관리법 등을 소개합니다. 또한 이러한 주식투자의 상식과 노하우들을 그저 아는 것에 그치지 않고 잘 실천하기 위해 우리 각자에게 무엇이 필요한지에 대해서도 정리해보았습니다.

저금리가 고착화되어 이제 투자가 선택이 아니라 필수가 되는 시대입니다. 부디 이 책이 이해하기 쉬우면서도 깊이가 있고 생각할 거리를 주는 책이 되길 희망합니다. 이 책은 저에게도 10여 년의 시간을 정리하고 반성하는 계기가 됨과 동시에 앞으로의 제 투자 인생에 있어서도 '투자 자경문'이 될 수 있으리라 기대합니다.

저와 아내를 낳고 길러주신 양가 부모님, 10여 년간 인생의 희로애락을 함께한 동반자이자 사랑하는 아내 은혜, 맑고 건강하게 자라고 있는 아이들 윤아와 윤호 그리고 저를 금융의 세계로 인도해준 친구 정용에게 이 책을 바칩니다.

또한 지금의 제가 있기까지 많은 가르침을 주신 모든 분들에게 감사드립니다. LG경제연구원 김영민 원장님과 홍정기 사업부문장님, 주례를 맡아주신 김철호 교수님, 대학원 논문을 지도해주신 최도성 교수님, 더 나은 사회를 만들어가는 '열린옷장'의 김소령 대표님, 대한민국 최고 카피라이터 이선웅 선배님 그리고 서라벌고등학교 제20대 김성학 교장선생님에게 특별한 감사의 말씀을 올립니다.

마지막으로 글을 꼼꼼히 읽어가며 날카로운 의견을 준 한화투자증권 박일재 차장님, 어떤 질문에도 항상 친절하게 답해주는 브이아이자산운용 윤현종 본부장님 그리고 글의 구조와 편집에 대해 좋은 해결책을 주신 메이트북스 출판사에도 깊은 감사의 마음을 전합니다.

김도정

차례

1부 자본주의와 부의 본질에 대하여

돈의 움직임에 대한
이해를 높여야 할 때다!

코로나19 이후 전 세계 주식시장의 가격지수는 전고점 근처까지 오르거나 심지어 전고점을 넘어선 경우도 눈에 띕니다. 한국 KOSPI 지수는 2020년 1월 23일의 2246을 넘어, 8월에는 2400대에 이르러 전고점을 넘어섰습니다.

코로나로 인해 경기가 둔화되어 2020년 상반기의 상장사 실적은, 삼성전자를 제외할 때 반토막 수준이라고 합니다. 그런데 주가가 이처럼 강세를 보이니 놀라울 따름입니다.

이는 한마디로 '돈의 힘'이라고 말할 수 있습니다. 특별재난지원금이다, 추경이다 해서 정부가 돈을 풀고 중앙은행은 금리를 낮추어 대출을 유도하니, 갈 곳 없는 많은 돈이 주식시장으로 몰렸기 때문입니다.

코로나19가 급속히 전 세계로 확산되기 시작한 2020년 2월 초부터 3월 20일까지의 주가폭락, 그리고 그 이후의 지수 급반등을 보면 '돈의 움직임'이 가격변화의 핵심임을 다시 한 번 실감하게 됩니다.

예상 밖의 전염력과 사망률을 지닌 신종 전염병이 더욱 확산되어 큰 위기가 올 것으로 예상한 많은 돈들이 주식시장을 빠져나갈 때 주가가 급락했습니다. 하지만 그 이후 각국 정부와 중앙은행의 발 빠른 대응으로 유동성이 안정화된 이후 가격이 한 번 오르기 시작하자, 이번에는 반대로 많은 양의 돈이 주식시장으로 몰려들기 시작합니다.

특히 이번 한국 주식시장의 상승은 주식담보대출과 신용대출을 포함한 개인자금이 주도했다는 특징을 가지고 있습니다. 단기간에 주식의 양은 큰 변함이 없는데 돈의 양이 줄고 늘어남에 따라 주식과 돈의 상대적인 가치에 큰 변화가 나타난 것입니다. 돈의 상대적인 양이 줄어들 때 주식의 상대적 가치가 하락하고^{주가하락}, 돈의 상대적인 양이 많아질 때 주식의 상대적 가치가 상승합니다^{주가상승}. 이것이 바로 '많고 적음'에 따른 가치 변화의 원리입니다.

투자는 싸게 사서 비싸게 파는 것이 목표입니다. 이러한 가격변화를 잘 파악하려면 결국 돈의 흐름을 아는 것이 아주 중요합니다. 물건이나 상품의 양이 크게 변하지 않을 때 돈의 양이 가격

변화를 주도하기 때문입니다.

　그런데 현재와 같은 신용화폐 시스템에서 돈은 누군가의 대출을 통해 만들어진다는 점이 핵심입니다. 게다가 1973년 미국에서 금본위제가 완전히 폐지된 이후, 중앙은행이 찍어낸 돈도 부채이므로 결국 지금 시대의 모든 돈은 신용이자 부채라고 할 수 있습니다.

　돈이 늘어날 때, 즉 부채가 늘어날 때 경제가 활성화되고 자산가격이 올라갑니다. 부채라고 하면 다소 부정적인 어감이 있지만, 이를 신용 혹은 믿음이라는 단어로 바꾸어보면 느낌이 달라집니다. 은행은 기업과 가계를 믿기에 대출을 실행하고, 반대로 기업과 가계는 정부와 중앙은행을 믿기에 정책을 지지하고 국채를 매입하는 형태로 정부에 돈을 빌려줍니다.

　결국 우리를 위기에서 건져낸 것도, 우리를 번영시킨 것도 우리의 믿음입니다. 돈은 곧 믿음이기에, 그 믿음이 커짐에 따라 금융도 경제도 성장해왔습니다. 우리의 경제와 정치 시스템에 대해, 정부와 중앙은행에 대해 우리는 여전히 큰 신뢰를 보내고 있습니다. 그러나 그 믿음과 성취의 높이만큼 비합리가 함께 쌓여왔다는 점은 잘 알려져 있지 않습니다.

　경제를 살린다며 세계 주요 중앙은행들이 돈을 찍어대지만 돈의 가치가 떨어지기에 결국 우리의 호주머니에서 돈이 빠져나가는 것과 같다는 점을 언급하는 언론은 많지 않습니다. 갚지 않아도 되는 부채란 없음에도 쌓여만가는 부채에 대해서 문제 삼는 이는 적습니다. 경기 수준이나 정부·기업·가계의 세수·이익·소득에 비해 금리의 수준이 지나치게 낮아서 실질적인 위험을 잘 반영하지 못하고 있다는 점을 문제 삼는 사람도 그렇게 많지 않습니다.

즉 경제의 기초체력이나 위험수준에 비해 너무 많은 돈이 낮은 금리에 대출되어 있는 상황입니다. 그러나 그럼에도 불구하고 대출은 여전히 늘어나고 있습니다. 과연 어떤 이유가 있는 걸까요?

필자는 현대 자본주의 문명이 부채의 늪에 빠져 있을 가능성이 높기 때문이라고 생각합니다. 부채를 갚고자 하는 의지가 아예 없는 것은 아니나 구조적인 문제로 인해 부채가 계속 늘어나는 상황인 것입니다. 부채의 늪에 빠지게 된 배경은 다음과 같이 2가지로 이야기할 수 있습니다.

첫째, 부채 속에 숨겨진 놀라운 비밀이 작용하고 있다고 생각됩니다. 부채를 갚고자 하는 노력은 오히려 부채의 부담을 높이고, 부채를 늘리면 부채의 부담이 줄어든다는 점이 그것입니다.

부채를 갚는 과정에서는, 부채의 부담이 늘어나 경제주체들이 소비와 투자를 줄이고, 자산가격의 하락에 따라 경제침체가 더욱 가속화되는 뼈아픈 고통의 과정을 거쳐야 합니다. 일본이 장기불황에 빠지게 된 이유로, 부채상환을 위해 대출과 지출을 늘리지 않는 대차대조표 불황에 빠졌기 때문임을 주장하는 연구 결과도 있습니다.

이에 반해 부채를 늘리면, 경제에 돈이 늘어나 일시적으로 경제가 부양되는 효과가 나타납니다. 또한 부채의 부담이 줄어들기 때문에 부채의 이슈가 잠시 수면 아래로 가라앉게 됩니다. 그래서 지금 시대는 부채를 계속 늘려갈 뿐, 부채의 구조조정을 하지 않습니다.

부채에서 헤어나지 못하는 두 번째 배경은 글로벌 경기가 둔화되는 가운데 각국 정부와 중앙은행들이 돈을 풀거나 금리를 낮추는 방식으로만 문제를 해결하려 하고 있다는 점입니다. 경기둔화와 돈의 공급과잉으로 금리가 이미 상당히 낮아져 있는 상황이지만, 중앙은행은 최근에 정책금리를 '0'으로 만드는 극단적인 방법까지 동원하고 있습니다. 또한 정부의 재정 확대 여력이 줄어들자 중앙은행이 국채를 직접 매입해 시장금리를 낮추고 시장에 유동성을 공급하는 초유의 정책마저 사용하고 있습니다. 이를 '재정의 화폐화'라고 하며, 중앙은행의 적극적인 참여가 필요하다는 주장을 담은 현대화폐이론MMT, Modern Money Theory으로도 불립니다.

경제를 구조조정하고 기초 체력을 키우는 것이 중장기적으로는 더 바람직한 방향이라는 점에 대해서는 정책 당국자들도 잘 알고 있을 것이라고 생각합니다. 하지만 그것을 실행하려면 지금 당장 고통을 감내해야 한다는 점이 문제입니다. 자신의 임기 내에 경기가 둔화되고 실직이 늘어나는 것을 국민에게 설득하고 이를 실행에 옮길 비전과 용기가 있는 정치가는 많지 않다고 생각됩니다.

경기둔화와 이를 타개하기 위한 저금리와 유동성! 이러한 키워드 속에 시대의 고민과 역설이 모두 숨어 있습니다. 경기둔화 내지는 디플레이션을 막기 위해서는 유동성을 풀어야 합니다. 하지만 그 돈은 생산적인 투자나 소비로 가지 않고 자산시장으로 쏠리고 있습니다. 한마디로, 실물시장의 디플레이션 압력 속에 자산시장의 인플레이션 압력이 공존하고 있는 것입니다.

투자자의 입장에서 실물과 경기를 보면 투자의 위험이 높아서 조심해야 하지만, 자산시장을 보면 돈의 가치가 계속 떨어지고 있기 때문에 적극적으로 투자에 나서야 하는 상황으로 보여집니다. 인플레이션이 보편화된 20세기 이후에 모든 투자의 기본 목표는 인플레이션에 대한 헤지이기에, 현재 나타나고 있는 자산시장의 가격상승은 투자자의 마음을 조급하게 합니다.

하지만 투자의 리스크는 이미 상당히 높아진 상황임을 잊어서는 안 됩니다. 기본적으로 경제의 근본 체력 대비 자산시장의 가격이 너무 높아진 상황임을 염두에 두어야 합니다. 코로나19 이전에도 이러한 우려의 목소리가 있었는데, 그 이후에는 그 목소리가 더욱 커지고 있습니다. 실업률과 기업의 파산 가능성이 높아지고 기업의 이익 수준은 낮아졌음에도 한국과 미국의 주가지수는 전고점을 넘어섰습니다.

근본에서 지나치게 멀어진 상태는 오래 유지되기 힘들다는 것이 세상의 이치입니다. 유동성이 더 이상 확대되지 못하고 축소되는 시점이 오면 가격 되돌림이 시작될 가능성이 높습니다. 이것이 바로 본질에서 지나치게 멀어지면 다시 수렴이 되는, '확산과 수렴'의 원리입니다. 또한 지속 가능성을 위해서는 '위험 대비 수익'의 관점에서 합리성이 담보되어야 한다는 원리도 여기서 만나게 됩니다.

한편 풍부한 유동성이 부동산과 주식 등 자산가격만을 높여놓아, 자산을 가진 사람과 그렇지 못한 사람 사이의 빈부격차가 벌어지고 있다는 점도 지적하지 않을 수 없습니다. 1945년 이후 자본주의 발전의 배경에는, 중산층의 부상과 대중소비사회의 출현이 자리 잡고 있다는 점에 대해서 이견異見이 많지 않을 것 같습니다.

빈부격차의 확대와 부의 쏠림은 우리 시대 번영의 또 다른 배경이 되는 정치적 안정성을 훼손시킬 가능성이 높습니다. 돈이 많아져서 경제가 활성화되는 긍정의 시기를 지나, 이제는 많아진 돈과 부채의 역습이 시작되었다고도 볼 수 있는 부분입니다.

하지만 전 세계가 부채의 늪에 빠졌다고 곧바로 위기가 온다는 '설익은 위기론'도 무책임해 보입니다. 부채를 늘릴 수 있을 때까지는 위기가 오지 않습니다. 부채는 곧 돈이고, 돈이 늘어날 때는 비록 일시적이라고 해도 경제상황이 좋아지기 때문입니다.

과거의 수치를 가지고 현재에 일대일로 대응해 몇 년이 되면 위기가 발생한다는 '예언록적 주장'도, 앞은 보지 않고 백미러만 보고 운전을 하는 것과 같습니다. 진짜 문제가 발생하는 시점은, 어쩔 수 없는 상황이 만들어져 부채를 크게 줄여야 할 때입니다. 1929년의 대공황, 1989년의 일본 자산시장의 붕괴, 2008년 미국 금융위기 등은 모두 부채가 크게 줄어드는 과정에서 나타났다는 점을 기억할 필요가 있습니다.

부채를 신용이자 신뢰라고 할 때, 우리가 스스로를 신뢰하는 한 큰 위기는 오지 않습니다. 이번 코로나19 위기 때 미국 중앙은행의 적극적인 금리인하와 양적완화를, 미국을 넘어 전 세계가 환영하는 모습입니다. 유동성의 키를 쥐고 있는 정책당국에 대한 신뢰가 계속되는 한, 위기가 지금 당장의 이슈라고 보기는 힘듭니다. 다만 경제의 기초체력이나 위험성 대비 그 믿음이 너무 커졌다는 것이 문제입니다.

지금의 부채와 이로 인한 과잉유동성의 문제는, 마치 '회색코뿔소'와 같습니다. 익숙해서 그 위험성에 대해 점점 둔감해지고 있지만, 한번 발생하면 가공할 파괴력을 지니고 있는 문제인 것입니다.

우리는 보통 이렇게 생각합니다. '돈이 많으면 좋은 것 아닌가?' '신뢰는 많으면 많을수록 좋은 것 아닌가?' 하지만 현실에서는 이러한 직선적 사고가 통하지 않는 시기가 나타납니다. 계속 좋아지기만 하는 것이 아니라, 변곡점을 지나면 긍정적인 효과가 줄어들게 됩니다.

우리는 돈에 대한 기존의 '직선적 사고'를 새로운 '반원적 사고'로 전환할 필요가 있습니다. 가격상승이 하락의 에너지를 축적하듯, 좋은 점 이면에는 나쁜 점이 따라붙기 시작합니다. 돈과 부채가 너무 많아지니, 자산가격이 상승해서 물가를 자극하고 빈부격차가 확대되는 것이 가장 대표적인 사례입니다.

흔히 자본주의의 가장 중요한 동력이라고 일컬어지는 혁신과 생산성의 향상은 어떠할까요? 혁신과 생산성의 향상은 한쪽의 수익을 낳지만 다른 쪽의 소외를 낳기도 합니다. 그래서 이것들은 불평등을 필연적으로 생산해내고, 결국 고용과 소득의 불안 이슈를 낳게 됩니다. 혁신과 생산성의 향상이라고 하는 자본주의의 가장 긍정적인 면에도 이처럼 구조적인 위험이 내포되어 있습니다. 이는 자본주의의 양면성이자 역설입니다. 또한 자본주의의 본질이자 비애입니다.

그래서 지금은 시스템적 리스크가 높아진 시대이고, 주식투자도 그만큼 어려워졌습니다. 구조적 저성장 속에서 흔히 말하는 가치주는 지나치게 저평가되어 있고, 성장주는 지나치게 고평가되어 있다는 점도 투자를 어렵게 합니다. 돈의 방향을 잘 살피고, 위험 대비 수익을 꼼꼼히 살펴가며 투자하지 않으면 안 되는 시대입니다.

따라서 성장성이 좋지만 지나치게 비싸지 않은 종목, 이익이 안정적인데 편견과 오해로 지나치게 주가가 많이 빠진 기업 등 기대수익 대비 리스크가 적은 대상으로 투자를 압축할 필요가 있습니다. 물론 기업의 가치가 급격히 증가하고 있는 대상을 찾는다면 금상첨화입니다. 시대의 갑작스러운 필요가 증대하는 사업, 상품과 서비스가 대중화되고 지역적으로 확대되는 기업, 그리고 부정적 인식이 개선되거나 신뢰가 회복되는 종목 등 가치가 급격히 회복되는 투자대상을 찾는 노력은 좋은 투자성과로 이어질 가능성이 높습니다.

단, 이런 종목들에 대한 최고의 투자시점은 시장의 관심이 높아지기 시작하는 초입에 해당합니다. 너무 일찍 사면 기다림에 지쳐 팔게 될 수도 있기 때문입니다.

투자가 어려워진 시대에 성공확률을 높이기 위해서 다음과 같은 점들을 유의할 필요가 있습니다.

첫째, 주식시장에 대한 이해를 높여야 합니다. 기본적으로 성장주의 시대인지, 가치주의 시대인지만 알아도 투자수익률은 크게 달라질 수 있습니다. 수익을 내기 좋은 강세장은 한마디로 돈이 많아져야 만들어질 수 있습니다. 주식시장은 사람을 닮았기 때문에 실재보다 인식이 중요할 수 있다는 점을 아는 것도 도움이 됩니다.

둘째, 가치 있는 종목 발굴법을 익혀야 합니다. 결국 귀한 것이 가치가 있기에 귀한 것 내지는 귀해질 것을 찾는 노력이 필요합니다. 단기는 여러 변수가 있겠으나 중장기적으로 기업 가치는 기업 경쟁력에 수렴합니다. 지금과 같은 저성장 시대에는 정부의 정책을 잘 살펴볼 필요가 있으며, 상품과 서비스가 대중화되는 기업을 찾으면 큰 수익을 기대할 수 있습니다.

셋째, 수익률을 지키기 위해서는 리스크 관리도 철저히 해야 합니다. 한 번 잃으면 회복하기 어렵고 심리도 무너지기 때문에 일단 돈을 잃지 않도록 조심해야 합니다. 아는 것에 집중하는 것도 손실 확률을 많이 낮춰줍니다. 모르는 것을 안다고 자만할 때 큰 손실이 발생하게 됩니다.

지속적인 성공을 위해서는 실패만이 아니라 성공에 대한 분석도 꼭 병행해야 합니다. 나의 실력이 아니라 운에 의해 성공했을 때, 자칫 잘못된 성공 공식에 매몰될 수 있기 때문입니다. 투자 심리를 잘 보전하는 것도 리스크 관리에서 빠질 수 없는 부분입니다.

넷째, 많은 투자대가들의 공통적인 투자전략인 역발상투자를 실천해야 합니다. 역발상투자는, 근본에서 지나치게 멀어진 것은 수렴하게 된다는 '확산과 수렴'의 원리, 위험한 만큼 적절한 보상이 주어지지 않으면 그 상태는 유지되기 힘들다는 '위험 대비 수익'의 원리들이 정확하게 실현되는 투자법입니다. 역발상투자는, 적절한 타이밍에만 실천하면 위험을 최소화하면서도 큰 수익을 거둘 수 있는 최고의 투자법이라 할 수 있습니다.

사람의 욕심에는 끝이 없습니다. 우리는 항상 더 많은 수익을 원합니다. 그러나 지나친 욕망에 사로잡히는 경우, 위험을 무시하고 무리하다가 자칫 낭패를 보게 되는 것이 주식시장입니다. 이러한 경우 꼭 필요한 것이 바로 절제와 성찰입니다.

단지 일시적인 성공이 아니라 투자에 지속적으로 성공하기 위해서는 늘 자기 자신을 돌아보는 자세가 필요합니다. 왜냐하면 사람은 생각보다 자신을 잘 모르기 때문입니다. 사람은 대개 실패의 원인을 외부로 돌리고 성공은 자기의 실력으로 생각하는데, 이러한 자기 방어와 자기 합리화가 바로 투자를 실패로 이끄는 가장 중요한 걸림돌이 됩니다.

'자신을 돌아보는 투자자'는 심리적 역발상이 가능합니다. 군중심리에 휩싸여 너무 비싼 것을 매수하거나 지나치게 싼 것을 매도하는 실수를 줄일 수 있습니다. 주가의 바닥권에서는 용기를 내고, 지나치게 오른 대상은 절제와 겸손의 마음으로 대할 수 있습니다. 내가 좋아하는 것이 아닌 대중의 눈으로 볼 수 있고 실패와 성공 모두에서도 배우는 자세 그리고 머리로만 생각하는 것이 아니라 이를 잘 실천할 수 있는 심리적 자세를 갖추는 것, 이러한 태도는 자신을 돌아봄으로써 얻을 수 있습니다. 자본주의의 현 상황에 대한 정확한 이해와 투자에 대한 성찰은, 현명한 투자의 길을 찾기 위한 자신만의 투자 나침반이 될 수 있을 것으로 생각합니다.

1부

자본주의와 부의
본질에 대하여

재물을 버는 데도 변함없는 철칙이 있다.
생산자는 많고 소비자는 적으며,
생산은 빠르게 하고 소비는 천천히 한다면,
재물이 항상 풍족하게 될 것이다.

– 『대학(大學)』

가격이 오르는 것이 아니라 돈의 가치가 떨어지는 것이다

상품이 많은지, 돈이 많은지가 핵심이다

생각해보기 : 가격을 잡으려면 공급을 늘려라

생산성 향상이 자본주의 풍요의 원천이다

1장

가격결정의 원리,
돈과 상품의 수량 경쟁

　'가격이 오른다'는 표현보다는 '돈의 가치가 떨어진다'는 표현이 현상의 본질을 더 잘 나타내고 있다고 생각됩니다. 가치가 떨어지는 것은 많아지기 때문입니다. 즉 상품보다 돈이 더 많아질 때 돈의 가치가 떨어지게 되고, 겉으로는 가격이 오르는 현상으로 나타납니다. 이처럼 어떤 현상의 내면을 들여다볼 때, 우리는 그 현상을 보다 잘 이해할 수 있습니다. 가격의 움직임은 돈과 상품의 수량 경쟁에 의해 결정됩니다. 결국 돈이 많아지는지, 그 상대편에 있는 상품이 많아지는지가 가격변화의 핵심입니다.

　그런데 자본주의가 발전해온 길을 살펴보면, 돈의 양은 꾸준히 늘어왔습니다. 한편 상품의 양은 어떠한가요? 자본주의 하면 떠오르는 것은 대규모 공장에 의한 대량생산입니다. 대량생산의 결과는 당연히 가격의 하락으로 이어질 가능성이 높습니다. 이처럼 대량생산체제가 도입된 이후 공장에서 생산량이 급격히 늘어났던 상품들은 그 이전보다 소득 대비 가격이 낮아졌습니다. 같은 소득으로 더 많은 물건을 살 수 있게 되었다는 것이며, 이는 곧 물질적인 풍요의 확대를 의미합니다.

　이번에는 우리 생활에 필수불가결의 3요소인 의식주를 살펴봅시다.

의^衣와 식^食은 생산성 향상에 힘입어 돈보다 늘어나는 속도가 더 빨랐습니다. 식^食의 경우 비록 공장에서 주로 생산하는 것은 아니지만, 기술의 발전과 기계의 도입 등으로 역시 생산성이 크게 향상된 경우에 해당됩니다. 그래서 입는 것과 먹는 것은 소득 대비 가격이 내려갔고, 이것 역시 생활의 풍요로 이어졌습니다.

다만 주^住의 문제는 의^衣와 식^食과는 다른 방식으로 전개되었습니다. 산업화, 도시화가 지속되는 가운데 더 많은 사람과 돈이 도시로 몰렸습니다. 하지만 기본적으로 도심의 토지 공급은 물리적으로, 법적·제도적으로 제한되기 때문에 토지의 공급에서만큼은 생산성 향상이 일어나지 못했습니다. 그 결과 도심의 토지 가격은 폭등했고, 주거의 문제에서는 풍요가 확보되지 못하고 있는 상황입니다.

최근 서울의 부동산가격 이슈가 사회적인 문제로까지 확대되고 있습니다. 이번 장을 통해 가격결정의 원리를 바탕으로 이러한 문제의 해결책이 무엇일지도 고민해봅시다.

가격이 오르는 것이 아니라
돈의 가치가 떨어진 것이다

얼마 전에 서울 아파트 시세를 장인어른께 말씀드렸을 때, 장인어른의 대답은 이러했다. "돈 가치가 말도 못하게 떨어졌네." 그 말을 들은 순간 나는 뒤통수를 강하게 한방 얻어맞은 느낌을 받았다.

그렇다. 아파트 가격이 오른 것이 아니라 돈 가치가 떨어진 것이다. 좀 더 자세히 말하면 '부동산시장에서 돈의 상대적 가치가 떨어진 것'이다.

10년 넘는 시간 동안 주식 가격의 등락을 보아왔다. 하지만 나는 한 번도 '주식시장에서 돈 가치가 올라갔다' 혹은 '주식시장에서 돈 가치가 떨어졌다'라고 생각해본 적이 없다. 오징어잡이, 건조, 도매 등 평생을 오징어 사업에 매진해온 개인사업가인 장인어른의 돈 감각은 재무로 석사를 마치고 주식시장에서 오랜 시간을 보내온 사위의 그것을 앞서고 계셨다.

우리는 겉으로 보이는 현상에 사로잡혀 생각하는 경우가 많다.

가격이 대표적인 경우이다. 아파트 가격이 8억원에서 10억원이 되면 우리는 가격이 올랐다고 표현한다. 물론 당연히 맞는 말이지만 그 이면을 잘 들여다보면, 아파트시장으로 돈이 많이 유입되어 '아파트 대비 돈의 상대적인 가치가 하락'한 것이 어쩌면 더 본질적인 부분이다.

이처럼 어떤 경제 현상의 이면을 들여다보거나, 가격만이 아닌 가치의 관점에서 생각해보는 습관은 매우 중요하다. 그것은 우리가 살고 있는 자본주의의 본질과 투자의 원리를 이해하는 가장 기본적인 열쇠가 된다.

경제가 성장함에 따라 돈의 양은 증가한다. 늘어난 상품 혹은 서비스가 거래되기 위해서는 돈과 교환되어야 하기 때문이다. 또한 경제가 잘 돌아가려면 돈이 많이 풀려야 한다는 것은 지극히 상식이다.

그래서 경기둔화의 조짐이 보이면 중앙은행은 금리를 낮추고, 정부는 추경으로 돈을 푼다. 물론 시중의 물가를 지나치게 자극하지 않는 선에서다. 하지만 이렇게 풀린 돈은 꼭 중앙은행과 정부가 원하는 곳으로 가지는 않는다. 모든 곳으로 균등하게 흐르지도 않는다.

또한 기본적으로 돈은 함께 몰려다니길 좋아한다. 돈이 많이 몰려가는 곳은 돈의 가치가 떨어지게 될 가능성이 높다. 많은 것은 가치가 떨어지고 귀한 것은 가치가 오르는 것이 세상의 이치인 것이다.

그런데 최근 서울의 부동산시장처럼 돈의 가치가 떨어진 곳만 있는 것은 아니다. 예를 들어 TV와 같은 가전시장을 보라. 시중에 처음 출시되었을 때 55인치 기준으로 1천만원을 넘어가던 OLED TV는 이제 100만원대로 떨어졌다. 가격이 10분의 1로 엄청나게 떨어진 것이다. 다시 말해 돈의 상대적 가치는 10배가 되었다. 기존에 1대 밖에 못 사던 돈으로 이제는 10대의 OLED TV를 살 수 있게 되었다. 도대체 부동산시장과 TV시장은 어떤 차이가 있기에 한쪽은 가격이 올라가고 다른 한 쪽은 가격이 떨어진 것일까?

상품이 많은지, 돈이 많은지가 핵심이다

이 의문에 대한 답은 바로 '공급'에 있다. 우선 부동산의 공급은 빠르게 늘지 못했다. 도심 토지의 공급에 여러 가지 제한이 있고, 재건축을 비롯한 부동산 확대는 정부의 관리 하에 있기 때문이다. 그에 반해 TV는 수율과 생산성의 향상으로 공급이 빠르게 늘었다.

여기에 원재료 가격의 변화도 일부 영향을 끼쳤다고 볼 수 있다. 즉 부동산의 평당건설비용은 예전에 비해 최소한 떨어지지는 않았으나 TV의 부품가격은 기술발전에 따라 빠르게 하락했던 것이다.

돈과 상품의 수량 경쟁! 가격의 원리는 이렇게 생각보다 간단하다. 상품의 양보다 돈의 양이 빠르게 증가하면 가격은 오르고, 반대로 돈의 양보다 상품의 양이 더 빠르게 늘어나면 가격은 떨어진다. 다른 말로 상품 대비 돈이 많으면 돈의 가치가 떨어지고, 상품 대비 돈이 적으면 돈의 가치가 올라간다. 여기서의 가치는 상대적 가치다. 돈이 많은지, 상품이 많은지, 바로 이것이 핵심이다.

16세기 프랑스 정치가이자 사상가인 장 보댕^{Jean Bodin}은 이렇게 말했다.

> "저울의 한쪽 접시에는 돈을, 다른 한쪽 접시에는 사람들이 이 돈으로 살 수 있는 상품을 올려놓는다. 돈이 있는 저울에 돈을 더 올려놓으면 다른 한쪽 접시는 위로 올라간다. 즉 물가가 상승한다."[1]

경제학 교과서에서 반드시 등장하는 상품의 수요·공급과 가격변화도 돈과 상품의 관점에서 이해할 수 있다. 수요가 늘고 공급이 줄어들면 돈은 늘고 상품의 양은 줄어들어 가격이 올라가게 된다. 수요가 줄고 공급이 늘면 돈은 줄어들고 상품의 양은 늘어나 가격이 내려가게 된다.

투자는 모름지기 낮은 가격에 사서 높은 가격에 파는 것이 기본이다. 그러므로 돈과 상품의 상대적인 양 혹은 증가속도로 가격을 예측할 수 있다면 이는 투자에 크게 도움이 될 것이다. 세계적인 투자자 앙드레 코스톨라니^{André Kostolany, 1906~1999}가 승승장구할 수 있었던 것은, 그가 주식 객장에 처음 방문한 날 노신사가 했던 "주식이 바보보다 더 많은지, 바보가 주식보다 더 많은지를 잘 보라"는 말을 평생 가슴에 새겼기 때문이라 생각된다.

　주식시장에 사람이 많다는 것은 결국 그들이 가지고 들어온 돈이 많기에 주가가 오를 가능성이 높다는 이야기다. 주가는 이익의 함수이니 돈보다 이익이 중요하지 않느냐고 반론하는 사람도 있을 것이다. 물론 일리가 있는 말이다. 이익이 늘어나는 곳에 돈이 들어오게 되어 있기 때문이다. 하지만 단기적으로는 이익이 좋아도 사람들의 관심을 받지 못해 주가가 지지부진한 경우도 주식시장에서는 많이 발생한다. 또한 현재 실적이 나빠 적자가 나는 기업도 미래에 대한 기대감으로 주가가 많이 오르기도 한다.

　부동산도 마찬가지다. 특히 신축 아파트 가격이 많이 오르는 이유는, 수요는 많은데 신축 아파트 공급이 부족하기 때문이다. 오래된 아파트보다 신축 아파트는 전용면적도 넓고 구조가 개선되어 수납공간의 활용도가 좋다. 그런데 문재인 정부 출범 후 3년 동안 전국 아파트 분양 물량은 연평균 24만 8,686가구로, 박근혜 정부 4년간의 연평균 32만 7,738가구보다 24.1% 감소한 것으로 조사되었다.[2] '부동산이 많은가, 사람이 많은가', 그것이 핵심이다.

생산성 향상이
자본주의 풍요의 원천이다

필자가 어렸을 때, 아침에 계란을 낱개로 사서 먹었던 기억이 난다. 한 판씩 계란을 대량으로 구매하는 지금으로서는 상상하기 어려운 일이다. 그만큼 당시의 물가 대비 계란 가격이 비쌌다는 이야기가 된다.

크레파스, 장난감, 자전거는 또 어떠한가? 당시에 어린이용 네 발 자전거를 사주는 집은 부잣집으로 통했다. 지금은 굳이 대단한 부자가 아니어도 살 수 있는 것들이 당시에는 귀했고, 가격이 비쌌다.

당시와 지금의 차이를 만들어낸 가장 중요한 것이 바로 생산량 증가이며, 그 배경에는 생산성 증대가 있다. 같은 시간에 더 많이 더 싸게 만들어낼 수 있으니, 가격이 오르더라도 덜 오른 것이다. 소득 대비 저렴하니 더 많은 사람이 부담 없이 사서 쓸 수 있게 된 것이다. 이것이 바로 소비의 대중화이고, 물질적 풍요의 확대다. 이처럼 소비가 늘어나니 투자도 늘고, 그에 따라 고용도 늘었다.

우리 모두가 알고 있는 산업화, 도시화, 그리고 대중소비사회의 출현 속에는 생산성이 중심 개념으로 자리 잡고 있다. 그래서 생산성은 국가를 풍요롭게 하는 주요한 요소이고, 자본주의를 이끌어나가는 주요한 엔진 중 하나다.

경제학자들이 이견 없이 동의하는 비교우위론도 생산성에 기반한 이론이다. 각 나라가 자국의 생산성이 상대적으로 높은 산업에 집중하면 모두 승자가 된다는 것이다.[3] 생산량이 많아져 물건 값이 저렴해지면 모두가 이전보다 풍요로워지는 원리다. 경제학 교과서에 따르면, 생산성 향상의 3가지 배경은 더 많은 실물자본, 더 많은 교육, 기술 진보革新이다.

그런데 생산성 증대의 개념이 잘 먹히지 않는 곳이 하나 있다. 바로 부동산이다. 그 이유는 무엇일까?

의식주 중에서 의衣와 식食의 경우에는 생산성이 빠르게 증대해 소득 대비 가격이 저렴해졌고, 우리 생활의 풍요를 증대시키는 데 크나큰 기여를 했다. 하지만 특히 도시 부동산의 경우, 도시의 토지 공급 자체가 원천적으로 힘든 데다가 일조권이나 형평성 등 여러 가지 이슈들로 인해 용적률 등 토지 활용도를 높이는 일도 쉽지 않기 때문이다.

또한 모든 땅의 용도는 '국토이용관리법'에 의해 엄격하게 규정되어 있고, 재건축이나 재개발도 허가 대상이므로 부동산 공급은 국가의 법적·제도적 규제의 영역에 속한다. '수도권과밀' 이슈나 국토균형발전과 같은 분명 일리 있는 견해가 작용해 공급을 제한하는 면도 있다. 그래서 가격이 올라도 공급이 유연하게 늘어나주지 못하는 수도권 부동산시장에서는 생산성 증대가 많이 일어나지 못했다.

2020년 3월, 하나금융경영연구소에서는 한국의 지난 40년 동안 GDP와 주요 물가를 비교한 연구 결과를 발표했다. 그 기간 동안에 닭고기 값이 약 3배 오른 반면, 달러기준 GDP는 18.5배 증가했고, 강남의 모 아파트는 84배 상승했다고 한다. 쌀, 닭고기, 승용차, 택시요금 등은 GDP 성장률 대비 덜 올랐다. 즉 이런 품목에 대해서는 우리의 구매력이 상승했고 생활이 윤택해졌다.

투자는 가격이 오르는 것에 집중되고, 소비는 가격이 내리는 것에 집중된다. 주거의 풍요를 생각하면 아파트의 생산성이 향상되어 우리의 소득 대비 가격이 내려가야 한다.

가격을 잡으려면 공급을 늘려라

돈보다 물건이 많으면 물건 값이 내려간다. 아주 간단하다. 물건의 공급을 늘려주면 되고, 물건의 생산성을 높여주면 된다. 물건 공급이 어려우면 대신에 돈이 덜 가도록 하면 된다. 돈이 많은지, 물건이 많은지가 핵심이기 때문이다.

공급을 늘리지 않는 정책은 그 어떤 것도 근본적인 대책은 아니며 자칫 역효과를 낳을 수 있다. 대표적인 것이 가격을 통제하는 정책이다. 가격을 통제하면 일시적으로는 효과를 보는 경우도 있을 수 있다. 독과점에 의해 공급자들이 가격을 인위적으로 과도하게 높여놓은 경우가 이에 해당할 것이다. 하지만 그렇지 않은 경우, 만약 가격 통제가 공급감소로 연결된다면 오히려 정책을 실시하지 않는 것이 나을 수도 있다.

다음은 서승환 전 국토교통부 장관의 책 『부동산과 시장경제』에 소개된 미국 독립전쟁 기간 중의 에피소드다.

"미국 독립전쟁 기간 중 워싱턴의 군대가 밸리 포지 Valley Forge에서 겨울을 나게 되었다. 당시 민간업자들이 군대에 식량을 납품했는데 워싱턴은 그 가격이 너무 높다고 생각했다. 병사들이 나라의 독립을 위하여 목숨을 걸고 싸우는 이때 식량을 헌납하지는 못할망정 비싸게 팔아 이익을 챙기다니 괘씸하다는 생각이 당연히 들었을 것이다. 차마 식량을 징발하지 못한 워싱턴은 차선의 방책으로 최고가격제를 실시했다. 물론 그 의도는 싼값에 식량을 구입해 보자는 것이었다. 그 결과는 어떠했을까? 싼값에 구입한 풍족한 식량으로 안락한 겨울을 보낼 수 있었을까? 불행하게도 결과는 그렇지 못했으며 정반대로 전군이 굶어 죽을 뻔한 위기를 간신히 넘겼다. 가격이 너무 싸다고 생각한 식량 공급자들이 식량 공급을 줄였기 때문이었다."[4]

서울 부동산시장이 뜨거운 감자다. 가격을 잡으려면 시장이 원하는 공급을 늘려주어야 한다. 하지만 국토균형발전을 위해서는 이 방법이 답이 아닐 수 있다.

우리 문명은 의衣와 식食에서는 오랜 염원을 이루어 대체적으로 풍요를 얻었다. 그런데 주住에서의 풍요를 해결할 묘안은 과연 없는 것일까?

불태환화폐와 인플레이션

모든 돈은 신용이고 빚이다

신뢰가 무너지면 자본주의는 바로 망한다

중앙은행의 신용 창출, 이대로 괜찮은가?

생각해보기 : 돈이 많아져서 우리는 풍요를 이룩했는가?

2장

자본주의라 쓰고, 신(信)본주의라 읽는다

1973년 이전에 달러를 찍어낼 때는 금을 담보로 확보해야 했던 사실을 알고 있나요? 지금은 달러만이 아니라 대부분의 나라들이 아무런 담보 없이 돈을 찍어낼 수 있지만 당시에는 그렇지 않았습니다. 기축통화인 달러조차도 신뢰가 부족했던 것입니다. 이때의 달러는 중앙은행에 가져가면 금으로 바꿔준다고 해서 태환화폐라고 부릅니다. 금에서 독립해서 온전한 신뢰를 회복하기까지 10년 가까운 우여곡절을 겪었지만, 결국 달러는 금에서 자유로워져 불태환화폐가 됩니다.

불태환화폐는, 화폐 그 자체로는 아무런 가치가 없다는 것을 의미합니다. 하지만 사람들은 받은 돈을 다시 사용할 수 있다는 믿음 하에, 받은 금액에 상응하는 상품과 서비스를 기꺼이 제공합니다. 그만큼 돈과 그 돈을 발행한 국가에 대한 신뢰가 높아진 것입니다.

또한 하나의 화폐가 불태환이 되었다는 것은 민간에서 대출, 즉 신용창출로 늘어나는 돈만이 아니라 중앙은행이 찍어내는 돈까지도 부채이자 신용이 되었다는 것을 의미합니다. 즉 불태환이 보편화된 이후, 모든 돈은 신용이 된 것입니다.

우리는 여전히 자본주의資本主義라고 부르지만, 돈의 본질이 믿음이므로 신본주의信本主義라고 부를 수도 있을 것 같습니다. 돈이 자유로워진 이후, 전 세계 자본주의의 성격과 투자의 패러다임이 변하게 됩니다. 자유로운 발권력을 통해 돈의 양이 이전보다 쉽게 늘어날 수 있는 구조가 되어 인플레이션 압력이 높아진 것입니다. 그래서 경제성장률보다 통화량 증가속도가 더 빨라지게 되었고경제의 금융화, 투자의 제1목표가 인플레이션보다 높은 수익률을 거두는 것인플레이션 헤지이 되었습니다.

또한 돈의 불태환 이후, 전 세계 중앙은행들의 위기 대응능력이 높아진 점도 중요한 변화의 하나입니다. 위기 때는 투자와 소비가 줄어 시중의 돈이 감소합니다. 돈이 줄어들면 자산가격이 하락해 경제에 추가적인 충격을 주게 됩니다. 중앙은행이 발권력을 통해 줄어든 신용 공백을 메꾸어 경제의 소방수로 적극 활약하게 된 것입니다.

하지만 최근에는 중앙은행의 지나친 신용창출이 오히려 문제가 되고 있는 상황입니다. 과도하게 창출된 통화로 인해 구조조정의 지연, 빈부 격차의 확대, 자산가격 버블 가능성 증대, 경제 사이클 둔화 등의 문제점이 나타나고 있습니다. 왜 이런 문제가 발생하게 된 것일까요? 이번 장에서 이러한 내용들에 대해 살펴보겠습니다.

불태환화폐와
인플레이션

주로 인류의 과거 시대가 배경이 되는 롤플레잉[RPG] 게임들을 해보면, 게임 속의 캐릭터가 모으는 돈은 주로 금으로 묘사된다. 주인공이 수집하는 것은 지금 우리가 사용하는 지폐가 아니다. 우리의 무의식 속에는 여전히 '금이 돈이다'라는 고정관념이 박혀 있다는 증거다.

중국에서는 돈을 '치엔錢'이라고 하고, 일본에서는 돈을 '오카네お金'라고 칭한다. 사용되는 한자를 보면 둘 다 금 내지는 금속과 관련되어 있다. 그 자체로 가치가 있는 물건들이다.

하지만 지금 우리가 사용하는 지폐와 동전은 그 자체로는 가치가 거의 없다. 그럼에도 모두 아무런 의심 없이 가치 제공의 대가로 그것을 주고 받는다. 다른 사람이 언제나 그것을 받아줄 것이라는 믿음이 있기 때문이다. 또한 그 가치가 급격히 변동되지 않을 것이라고 신뢰하기 때문이다. 하지만 이러한 믿음이 생긴 것은 생각보다 최근의 일이다.

2008년 미국 금융위기 때, 2011년 유럽 재정위기 때, 그리고 코로나19 이후 전 세계 주요 중앙은행들은 앞 다투어 돈을 풀고 있다. 그것도 아주 자유롭게! 하지만 이렇게 자유로운 양적완화 Quantitative Easing는 불과 50년 전까지만 해도 전쟁과 같이 특수한 상황이 아닌 한 어려운 일이었다.

1971년 이전만 하더라도, 브레튼우즈 체제에 의해 전 세계 기축 통화인 달러는 금에 묶여 있는 태환화폐兌換貨幣였다. 금태환을 다른 말로 금본위제라고도 한다. 즉 달러는 완전히 못 믿겠으니 금을 담보로 제공하라는 뜻이다. 외국의 중앙은행이 달러를 가지고 가면 미국 중앙은행이하 Fed은 금을 내줘야 했고, 원칙적으로 달러를 발행하기 위해 그만큼의 금을 확보해야 했다. 금을 추가로 확보하지 못한다면 달러를 찍어낼 수 없었던 것이다. 당시의 금 1온스당 가격은 35달러였고, 다른 나라들의 환율은 달러에 고정 peg되어 있었다.

그런데 1971년 8월 15일 닉슨 대통령은 이제 더 이상 달러를 가지고 와도 금으로 바꿔주지 않겠다는 불태환을 선언한다. 베트남 전쟁을 치르면서 막대한 전쟁자금이 필요했던 미국은 원칙을 어기고 뒤로 몰래 달러를 찍어냈다. 그 여파로 시장에서 달러의 가치가 하락했고, 이에 대해 국제사회에서 달러를 금으로 바꿔달라는 요구가 쇄도했다. 프랑스는 군함을 몰고와서 항의를 하기도 했다. 결국 바꿔줄 금이 부족해 불태환을 선언하게 되었던 것이다.

사실 경제가 성장하고 국제 교역이 증가해서 달러에 대한 수요가 빠르게 증대하고 있었기 때문에 베트남 전쟁이 아니었어도 금 부족으로 인해 브레튼우즈 체제는 오래 유지되기 힘들었을 것이다. 금은 원래 희귀한 금속이기에 금의 발굴량이 경제 성장률을 따라잡기 어렵기 때문이다. 1973년 금본위제는 완전히 폐지된다. 이후의 달러를 법정화폐 ^{legal tender}라고 부른다.

금으로부터의 '달러의 자유 선언'은 호기로웠지만, 일정 기간 혼란은 피하기 어려웠다. 달러의 신인도가 하락해 금 가격이 1979년 9월에 1온스당 430달러를 돌파하기도 했다. 당초 가격의 10배 수준이다. 그리고 불태환 선언 시점부터 1980년대 초까지 미국은 물가상승과 경기둔화가 함께 오는 스태그플레이션 ^{Stagflation}에 시달려야 했다.

그러나 1974년에 사우디와 밀약을 체결해 OPEC의 원유 판매 대가를 달러로만 받기로 해 '오일 달러'의 지위를 확고히 하고, 1980년대 초 스태그플레이션을 잡기 위한 Fed의 초강력 금리인상이 결국 성공을 거두자 강달러 시대가 열리며 바야흐로 미국 중심, 금융 중심의 자본주의가 융성하게 된다. 브레튼우즈 체제가 무너지며 불태환의 관리통화제도는 자연스럽게 세계 대다수 국가가 채택하게 되었다.

1981년 당시 Fed 의장 폴 볼커 ^{Paul Adolph Volcker}는 13%까지 치솟았던 물가를 잡기 위해 기준금리를 20%대까지 끌어올리기도 했다. 초^超고금리로 경기침체를 넘어 1930년대와 같은 대공황이 올 수 있다는 우려가 팽배했다. 하지만 다행히 미국에서 돈을 빌려갔던 채무국에서 흘러나온 돈이 달러 가치를 상승시키면서 물가가 안정되었다.

물가안정으로 Fed는 물가 염려 없이 금리를 내릴 수 있었고, 이것이 경기상승을 불러왔다.[5] 지금은 세계적인 헤지펀드로 성장한 브리지워터 Bridgewater의 대표 레이 달리오 Ray Dalio는 그 당시에 시장의 방향과는 완전 반대인, 인플레이션 가속화와 금리인상에 따른 경제 붕괴에 베팅했다가 파산 위기까지 몰리게 된다. 그는 이 시기1979~1982를 인생의 나락으로 표현하고 있다.[6] 그만큼 당시 Fed의 초강력 금리인상은 독약처방에 가까웠다고 볼 수 있다.

이와 같이 달러가 태환화폐에서 불태환화폐로 자리 잡는 과정은 투자서적에서 깊이 있게 다루어지지 않는 경우도 있지만, 자본주의 역사에서 가장 중요한 사건 중 하나라고 생각한다. 왜냐하면 모든 가격변화에 있어 가장 중요한 요소인 '돈의 양'에 근본적인 영향을 미치는 사건이 발생했기 때문이다.

불태환 이후 중앙은행의 발권이 자유로워짐에 따라 은행의 대출신용창출도 더욱 활발해져서, 경제는 '금융화financialization'가 되기 시작한다. 경제성장보다 금융과 부채의 성장이 더 빨라진 것인데, 이 부분은 뒤에서 좀 더 자세히 다루어보겠다.

불태환 이후 대략 1980년대 초반까지 인플레이션이 일시에 크게 확대되었고, 그 이후 인플레이션과 시장금리가 동시에 서서히 낮아지면서 투자 패러다임이 크게 변화한다. 인플레이션이 낮아질 때는 채권이 좋은 투자대상이 된다. 그런데 같은 기간 물가상승의 압력 없이 경기 역시 개선되어 주식과 부동산도 대세 상승기에 접어들게 된다. 1982년에 미국 다우지수^{Dow Jones} Industrial Average는 불과 1000에 불과했으나 2020년 9월 2일 기준으로 29000을 넘어서기도 하였다. 주식과 채권의 동반 강세는 재무학의 관점에서는 이례적인 현상으로 해석되고 있다.

그런데 1971년 달러의 불태환이 결정되고 난 후 10년에 가까운 기간 동안 인플레이션이 갑자기 크게 확대된 이유는 과연 무엇일까? 돈을 갑자기 많이 찍어내서일까? 그보다는 금에서 풀려난 달러에 대한 대내외적인 신인도가 크게 하락해서 달러 가치가 하락하고, 해외에서 달러 결제를 거부하는 사태까지 벌어졌기 때문이다.

또한 두 차례의 오일 쇼크로 수입 원자재 가격이 크게 상승한 것도 주요한 배경이 된다. 당시 미국 국내에서는 물가상승과 함께 경기침체까지 겹쳐 상황이 무척 어려워졌다. 이처럼 미국 달러가 불태환의 기축통화로서 제대로 자리 잡는 과정은 큰 시련의 과정을 거쳐야 했다. 혹자는 '이런 큰 어려움을 감내하고 금태환에서 벗어난 것이 무슨 의미가 있을까' 하고 생각할 수도 있을 것이다.

하지만 만약 지금까지 달러가 금태환을 유지하고 있었다면, 다른 것은 몰라도 지금과 같은 물질적인 번영을 누리기는 힘들었을 것이다. 금은 원래 희귀한 금속이기 때문에 채굴량이 제한

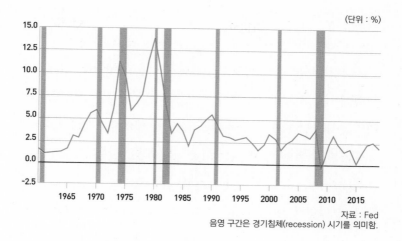

<그림 2-1> 미국의 인플레이션, 소비자물가(1960~2019년)

(단위 : %)

자료 : Fed
음영 구간은 경기침체(recession) 시기를 의미함.

되어 있다. 세상에 물건은 많이 생산되는데 결국 그에 상응하는 돈이 부족하면 물가가 하락하는 디플레이션에 빠지게 된다. 반대로 일시적으로 금 공급이 너무 많아지면 인플레이션 압력이 생기게 된다.

실제로 1870~1880년대에는 세계적으로 금 공급이 제한되어 디플레이션 압력이 증대되었고, 그 이후 20년 동안은 금 생산 증가로 심각한 인플레이션을 초래하기도 했다.[7] 디플레이션과 지나친 인플레이션 모두는 자본주의 발전에 악영향을 미친다. 불태환의 선언이 금 보유고 감소에 따른 불가피한 결정이었을 수는 있지만, 자본주의 발전과 인류의 풍요를 위해서는 오히려 바람직한 선택으로 평가된다.

모든 돈은
신용이고 빚이다

브리지워터의 레이 달리오가 유튜브에 올린 동영상 '경제라는 기계는 어떻게 작동하는가How the economic machine works?'를 보면 재미있는 내용이 나온다. 우리가 모두 돈Money이라고 알고 있지만, 그것은 대개 통화Currency로서 신용Credit이라는 것이다.

신용의 다른 말은 부채이고 채권이다. 즉 신용은 빌리고 빌려준 돈을 말한다. 이 동영상이 만들어진 2013년 시점에 미국에는 돈Money이 3조달러, 그리고 신용Credit은 50조달러가 있다고 한다. 그렇다면 전체 돈에서 약 5%만이 Fed가 찍어낸 본원통화이고, 나머지 약 95%는 은행과 민간을 통해 창출된 신용통화인 것이다. 여기서 '총통화=본원통화+신용통화'라는 사실을 확인할 수 있다.

그런데 Fed가 발행한 5%의 돈은 또 어떠한가? 달러를 금 담보 없이 찍어냈으므로 이 5% 또한 엄밀하게 보면 신용에서 나온 것이라 할 수 있다. 그 신용은 미국 국민의 정부와 Fed에 대한 믿음에 기반하고 있다. Fed가 1달러를 발행하고 나면 재무제표에는 자산에 1달러, 부채에 1달러가 표시된다. 자본이 아니므로 부채이고, 부채이므로 다른 말로 신용과 같다. 중앙은행의 이와 같은 발권력은 국민의 신뢰에서 나온다. 그렇다면 금태환을 탈피한 1971년 이후의 모든 달러는 신용인 셈이다.

그렇다. 신용화폐제도가 보편화된 현대경제에서 돈은 그 자체로 신용이고 신뢰이다. 풍부한 신용이 공급되면서 새로운 산업과 기술에 대한 보다 자유로운 도전 속에 혁신과 생산성 향상이 이루어졌다. 또한 부채가 늘어난 만큼 소비가 늘고, 그것은 다시 누군가의 소득이 되었다. 그만큼 경제가 발전했다. 결국 우리를 풍요롭게 한 것은 바로 우리의 믿음이다.

그런데 단 5%의 마중물로 어떻게 나머지 95%의 돈이 만들어지게 할 수 있을까? 민간에서는 어떤 마법이 작용하고 있는 것일까? 답은 바로 은행의 부분지급준비금 제도이다. 이는 은행이 지급할 의무가 있는 돈 중 일부만을 남겨두고 나머지는 대출할 수 있다는 뜻이다.

이해하기 쉽게 예를 들어보자. A라는 사람이 은행에 100원을 저축했을 때, 은행은 약 10원 정도만 남기고 나머지 돈은 외부로 대출할 수 있다. 신기하게도 이렇게 돈을 대출하는 순간 그 대출된 금액만큼 돈이 만들어진다. 은행이라는 신용공장에서 돈이 만들어지는 순간이다.

좀 더 자세히 설명해보겠다. 위 사례에서 A의 통장에는 100원이 찍혀 있다. A에겐 100원의 돈이 있는 것이다. 그런데 은행은 그중 10원만 남기고 나머지 90원을 B에게 대출해주었다고 하자. 그러면 B도 돈 90원을 가지고 있다. 물론 대출금이긴 하다. 이 경우 돈은 처음의 100원에서 190원으로 증가했다. 만약 B가 빌린 돈 90원을 또 다른 은행에 저축하고 그 은행이 다시 90원 중

10%인 9원을 남기고 C에게 81원을 대출해주는 과정이 계속해서 반복된다면 어떨까?

이런 과정이 영원히 계속되면 돈은 '100+100×0.9+100×0.9×0.9+100×0.9×0.9×0.9+⋯', 이런 식으로 늘어나게 되며 그 값은 1천원이 된다. 즉 지급준비율이 10%일 때 이론적으로 돈은 처음 100원의 10배인 1천원까지 늘어날 수 있다. 만약 지급준비율이 5%라면? 돈은 처음의 20배인 2천원까지 늘어날 수 있다. 부분지급준비율은 이처럼 힘이 세다.

대출은 시중에 유통되는 돈의 양을 바로 늘리게 된다. 학자금 대출, 신용 대출, 주택담보대출, 주식담보대출 등 대출의 종류와는 관계가 없다. 돈이 늘어나면 그 돈이 흘러간 곳의 가격을 자극한다. 그러므로 성공투자를 고민하는 우리는 대출이 증가하는 현상을 유심히 살펴봐야 한다.

주택담보대출, 전세자금대출의 증가와 부동산가격은 밀접한 관련이 있다. 주식시장에서 신용잔고가 늘어나거나 줄어드는 현상도 주가지수에 큰 영향을 미친다.

미국의 투자자 켄 피셔Kenneth Fisher가 그의 책 『3가지 질문으로 주식시장을 이기다』에서 누누이 강조하는 점이지만, 부채가 늘어날 때는 주식시장에 호재다. 돈이 늘어나기 때문이다. 정치가들은 부채가 늘어난다고 우려의 목소리를 높이지만 정작 투자자들이 조심해야 할 때는 부채를 갚을 때다. 돈이 줄어들기 때문이다.

신뢰가 무너지면
자본주의는 바로 망한다

'모든 돈이 신용'이라는 이야기는 믿음이 사라지면 돈도 사라진다는 말이 된다. 이것이 바로 신용경색이다. 은행이 대출자를 믿게 되지 않으면 대출을 회수한다. 즉 돈이 사라진다. 저축자가 은행을 믿지 않게 되면 저축을 인출한다. 지급준비율 때문에 은행이 시중에서 돈을 회수해야 하므로 역시 돈이 사라진다.

부분지급준비율 때문에 돈이 사라지게 하는 파급 효과는 저축의 인출시에 더 크다. 돈이 사라지면 상품과 자산가격도 하락한다. 디플레이션 Deflation이 발생하고, 수요와 투자가 줄어들고, 경제주체가 파산한다.

2008년에는 도대체 어떤 일이 벌어졌을까? 무리한 주택담보대출로 전 세계경제의 중심인 미국마저도 무너질 수 있다는 공포감이 확산되었다. 미국경제에 대한 전 세계 사람들의 믿음 총량이 줄어들었다. 사람들의 믿음이 줄어들었고, 시중의 돈이 줄어들어 주가와 부동산가격은 폭락했다. 이때 나선 것이 Fed다. 이례적으로 기준금리를 0%까지 낮추어 제로 금리 시장의 적극적인 대출을 유도하는 한편 양적완화를 통해 막대한 돈을 풀어줌으로써 그 줄어든 믿음을 메꾸기 위해 노력했다. 그 결과 가격 하락을 막고 위기를 진화할 수 있었다. 커지던 공포가 평상시로 줄어든 것이다.

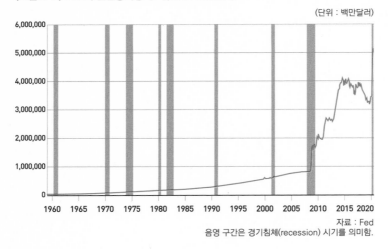

〈그림 2-2〉 Fed의 본원통화량 추이(1959~2020년)

(단위 : 백만달러)

자료 : Fed
음영 구간은 경기침체(recession) 시기를 의미함.

코로나19 위기 때도 마찬가지다. 〈그림 2-2〉는 Fed의 자산 추이, 즉 찍어낸 본원통화의 추이를 나타내고 있다. 2008년 금융 위기 이후, 그리고 코로나19 사태로 인해 Fed의 자산이 가파르게 늘어났음을 확인할 수 있다.

모든 돈이 믿음이고 신용이기 때문에 우리의 경제 시스템은 생각보다 취약할 수 있다. 모든 사람, 아니 전체 인구의 1/10 이상만 은행으로 달려가서 예금을 인출하게 된다면, 당장 내일이라도 우리의 경제는 무너질 수 있다. 은행에는 그만큼의 돈이 준비되어 있지 않기 때문이다. 이를 뱅크런^{Bank Run}이라고 하고, 은행과 정부가 가장 무서워하는 일이다.

가깝게는 2015년 그리스에서 뱅크런이 발생한 적이 있다. 6월 27일 구제 금융에 대한 의견을 묻는 국민투표 시행 결정 이후,

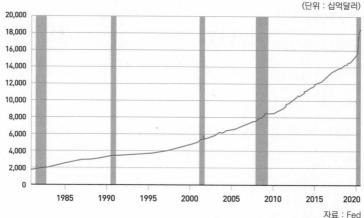

〈그림 2-3〉 미국의 M2 통화량 추이(1980~2020년)

(단위 : 십억달러)

자료 : Fed
음영 구간은 경기침체(recession) 시기를 의미함.

국민들이 예금인출을 위해 은행으로 달려가자 정부는 6일 동안 은행의 영업을 정지하는 조치를 취한 적이 있다. 사실상의 디폴트이고 국가파산이 일어난 셈이다.

우리는 잘 느끼지 못할 수 있지만, 우리 경제는 신용이라는 물위에 떠 있는 배와 같다. 신용이 충분할 때는 배가 원활히 운행되지만, 신용이 빠져나가면 배는 언제든 가라앉을 수 있다. 그래서 이러한 신용화폐의 구조를 이해한다는 것은 투자에 있어서도, 경제 운용에 있어서도 아주 중요한 일이 된다.

경제적 위기는 항상 채권자의 위기 관리와 자본 회수에서 시작된다. 특히 은행으로부터의 예금인출이 중요하다. 부분지급준비금 제도 때문에 파급효과가 확대되기 때문이다. 또한 은행의 부실을 막는 것이 중요하다. 신용창출의 중심에 은행이 있기 때문이다. 은행이 부실해지면 은행이 자신을 보호하기 위해서 대출을 회수하게 되고, 결국 우리 경제가 가진 전체 신용이 축소하게 된다. 대출 회수는 현금이 준비되지 않은 많은 경제주체를 무너뜨릴 수 있고, 또한 각종 자산의 가격을 하락시켜 추가적인 피해를 주게 된다.

정부와 중앙은행은 한 국가가 가진 신용의 총량을 잘 관리하기 위해 최선을 다하게 된다. 여기서의 잘 관리한다는 뜻은, 최소한 경제가 성장하는 만큼은 신용의 총량, 즉 통화량을 늘려주어야 한다는 것을 의미한다. 그렇지 않으면 '상품 vs. 돈'의 관점에서 돈이 부족해 물가가 추세적으로 하락하는 디플레이션에 빠질 수 있기 때문이다.

코로나19 위기로 인해 Fed는 신속하게 기준금리를 0.5%에 이어 제로금리까지 낮추는 한편, 무한대의 돈을 풀어서 채권을 사겠다는 발표를 한다. 한국도 한국은행의 기준금리 인하, 국채와 환매조건부채권 RP, Repurchase Agreement 매입, 정부의 유례없는 전 국민 재난지원금 지급 등의 방법으로 신용의 총량을 유지하고 줄어든 유효수요를 메꾸기 위한 조치가 취해졌다.

우선 급한 불은 끄고 보는 게 맞을 것이다. 그래서 각국의 국민들도 위기 대응에 대한 정부와 중앙은행의 대응을 대체로 찬성하는 분위기다. 하지만 세상 모든 일에는 반드시 반대급부라는 것이 있다.

중앙은행의 신용창출,
이대로 괜찮은가?

Fed의 양적완화는 신용의 총량, 즉 돈의 총량을 잘 관리해 자산과 상품 가격의 하락을 막기 위한 노력의 일환이다. 다시 말해서 디플레이션과의 전쟁이며, 일시적 유동성의 문제로 건전한 기업과 가계가 무너지는 일이 없도록 해 경제 전체를 지키겠다는 것이다.

특히 최근에는 2008년과 같은 금융위기 탓도 있지만, 화폐의 유통 속도가 떨어져서 경제 전체의 통화량 하락 압력이 높아졌다. 그래서 중앙은행이 무대 위로 등장하는 빈도수가 높아졌다. 화폐의 유통 속도 감소에 대해서는 뒤에서 보다 자세히 다루도록 하겠다. 최종 신용 공여자로서 경제의 파수꾼이 되겠다는 것이 중앙은행의 슬로건이다.

하지만 미국의 유명 투자자 하워드 막스Haward Marks는 최근 고객에게 보낸 메모에서 Fed의 양적완화에 대해 이렇게 꼬집었다.[8]

> "파산 없는 자본주의는 지옥 없는 가톨릭과 같다Capitalism without bankruptcy is like Catholicism without hell."

하워드 막스의 지적처럼 중앙은행들의 양적완화에 대해 우리는 4가지를 꼭 생각해봐야 한다. 그것은 모럴 해저드Moral Hazzard,

빈부격차 심화, 자산가격의 버블 가능성 그리고 경제 사이클이 불명확해지는 현상 등이다.

첫째, 모럴 해저드와 관련해 좀비Zombie 기업과 가계까지 함께 살리게 되는 문제구조조정 이슈를 생각해보지 않을 수 없다. 경쟁을 통한 효율성의 달성이 자본주의를 잘 굴러가게 하는 하나의 원리라고 한다면, 경쟁력을 상실해 자원을 비효율적으로 사용하고 있는 경제주체까지 아울러 데리고 가는 것은 도의적 관점에서는 바람직하다 할 수 있다. 하지만 시스템의 지속가능성이라는 관점에서는 고민스러운 부분이다.

이와 관련한 모럴 해저드의 이슈, 즉 경제주체들이 도덕적으로 해이해지는 문제도 고려해야 한다. 실직 수당이 일할 때보다 더 많이 나오는 상황이 만들어지면 직업을 구해 열심히 일하려는 사람은 사라질 수 있다. 일할 동기와 의지를 상실하게 된다는 것은 무엇보다 큰 문제다. 사회주의는 이 부분을 해결하지 못해 부와 풍요를 만들어내는 데 실패했다.

둘째, 빈부격차를 심화시키고 있을 가능성이다. 양적완화로 돈을 푸는데 그 일차적인 대상은 채권시장이다. Fed는 2008년엔 주택시장을 안정시키기 위해 모기지 채권을 주로 사들였고, 2020년엔 기업 파산을 막기 위해 회사채를 주로 매입했다. 채권, 주식, 외환, 부동산 등 금융시장은 서로 연결되어 있으며 채권시장의 안정은 다른 자산시장의 안정으로 연결된다.

그런데 금융상품을 전혀 소유하지 못한 이들에게 Fed 양적완화의 긍정적 효과는 우회적일 수밖에 없다. 양적완화로 자산시장 가격이 안정되고 상승하면, 그 효과는 온전히 이를 소유하고 있는 중산층 이상의 계층에게 집중된다.

2011년까지 Fed의 이사를 역임했던 케빈 워시 Kevin Warsh는 2016년 CNBC와의 인터뷰에서 "Fed의 양적완화가 가난한 이들을 희생해 부자를 살찌우는 역로빈후드 효과를 초래한다"고 주장했다.[9]

셋째, '위험 대비 수익 리스크 대비 리턴'의 관점에서 자산가격의 버블 가능성이다. 합리적인 투자는 위험이 높아진 만큼 더 높은 수익을 요구한다. 그런데 Fed의 채권 매입은 경제적 혹은 투자적인 목적에서 이루어지는 것이 아니다. 즉 '위험 대비 수익'이라고 하는 투자의 원칙과 관계없이 높은 가격에 채권을 사게 될 가능성이 높다. 결국 채권시장 전체가 고평가 내지는 버블을 만들어내게 되고, 이 버블은 주식이나 부동산 같은 다른 시장에도 전이된다. 채권의 가격이 너무 올라 주식이나 부동산이 상대적으로 저렴해보이면 돈은 그쪽으로 옮겨가기 때문이다. 이는 자산시장 전체의 건전성을 떨어뜨리게 되고, 경제주체들의 합리적인 행동에 장애를 낳게 된다.

2016년에 채권왕 빌 그로스 Bill Gross는 '더 이상 저렴한 채권을 찾을 수 없다'며 2019년 투자업계에서 은퇴했다. 또한 2020년 5월, 워런 버핏 Warren Buffett은 '매력적인 주식이 없다'며 항공주와 은행주 등 주식을 팔아 현금 비중을 높였다.

넷째, 중앙은행들의 적극적인 양적완화로 경제의 사이클이 사라지고 있는 것은 아닌지 여부의 문제이다. 주기 50년의 콘트라티예프^{N. D. Kondratiev} 사이클을 비롯한 장기 경제사이클은 전 세계경제가 2000년 이후 하강 국면에 접어들 것을 예고했다. 부채의 증감에 따라 만들어지는 부채 사이클 상으로도 2008년은 고점에 해당했다.

미국의 유명 투자자 마크 파버^{Marc Faber}는 2002년 그의 책 『내일의 금맥』에서 이렇게 말했다.

> "만약 이와 반대로 지금 상황이 1920년대 말과 같이 콘트라티에프 파동과 쥐글라르 파동의 하강국면이 겹쳐진 시기라고 한다면 가까운 장래에 심각하고 지속적인 경기침체와 디플레이션을 겪게 될 것이다."[10]

마크 파버 이외에도 세계의 많은 경제학자나 투자자들이 자본주의의 쇠퇴 가능성을 점쳤다.

하지만 현실은 달랐다. 중앙은행들의 적극적인 양적완화와 정부의 재정정책으로 신용이 축소되지 않자 제대로 된 경기 하강은 아직까지도 오지 않고 있다. 2019년까지 미국은 2차 세계대전 이후 10년이 넘는 사상 최장의 경기 확장을 나타냈다. 2008년 금융위기를 제외한다면 그 기간은 더 길어진다. 가을을 지나 겨울을 겪지 않고도 계속 봄이 오게 할 수 있을까? 신용의 팽창은 영원히 가능한 것일까? 마이너스 금리 수준은 얼마까지 낮아질 수 있을까?

코로나19 이전에 이미 미국, 영국, 스위스 등 거대 중앙은행의 재무제표상 자산총액은 종전의 5배가 되었다.[11] 이제 그 비율은 더욱 빠르게 늘어나고 있다. 금본위제 탈피 이후 중앙은행의 손에 쥐어진 자유로운 발권력에는, 원칙을 지키는 한에서만 사용하라는 국민들의 암묵적 합의가 자리하고 있다고 생각된다. 스테로이드제도 많이 쓰면 중독이 되고 오히려 몸을 해치듯이 중앙은행의 발권력도 마찬가지일 것이다.

자본주의의 심장에 문제가 생겼던 2008년 금융위기 이후, 중앙은행의 권한이 조금씩 남용되고 있는지도 모르겠다. 어쩌면 이미 선을 넘어 경제에서 과도하게 커져버린 금융 부문과 부채 문제를 해결할 방법이 없어서 문제를 자꾸 뒤로만 미루고 있는지도 모르겠다. 정치가들은 언제나 나 때만 안 일어나면 되기에.

하지만 위에서 살펴본 문제들에도 불구하고 앞으로도 위기가 닥칠 때마다 중앙은행들의 양적완화는 계속될 가능성이 높아 보인다. 국민들이 여전히 중앙은행의 정책을 환영하고 신뢰하고 있기 때문이다. 그러나 한 가지는 기억해야 한다. 세상에 영원한 것은 없다는 것을!

중앙은행의 양적완화, 즉 신용창출은 '확산과 수렴'이라는 개념틀로도 이해할 수 있다. 중앙은행이 창출할 수 있는 적절한 신용의 양이 있다고 가정할 때 그것을 넘어서게 되면 언젠가 다시 근본으로 되돌아와야 할 것이다. 로마도 은화 속에 포함된 은의 함량을 낮추면서 자신에 대한 믿음이 어디까지 받아질 수 있을지를 시험했던 적이 있다. 270년에는 그 비중이 불과 5%였고, 그 이후에도 계속 내려갔다고 한다.[12] 지금 중앙은행들도 어쩌면 위험한 그 시험을 이미 시작했는지도 모르겠다.

돈이 많아져서 우리는 풍요를 이룩했는가?

성장하는 경제, 금태환에서 벗어난 중앙은행의 발권력, 은행의 부분지급준비금 제도까지! 자본주의의 성장과 함께 세상의 돈이 대폭 늘어났다. M2 통화량 기준으로 한국에는 약 3,019조원의 돈이 있다 2020년 4월 기준, 한국은행 발표.

M2는 보통 통화라 불리는 M1에 정기적금, 정기예금과 같은 은행의 저축성예금과 거주자 외화예금까지를 포함시킨 개념이다. 3,019조원은 2019년 명목 GDP 1,919조원의 약 1.57배에 해당한다.

경제가 잘 돌아가려면 돈이 많이 풀려야 한다고 우리는 흔히 상식적으로 생각한다. 하지만 여기에는 반드시 고민해봐야 할 몇 가지 이슈가 있다.

대규모 자본투자를 통한 규모의 경제 달성, 혁신과 생산성 향상 등은 돈이 많아져서 나타나는 긍정적 효과들이다. 전체적인 돈의 양이 많아진 만큼 모험하는 돈도 많아졌기에, 돈이 없어서 아예 시도조차 못하고 사장되는 아이디어의 숫자도 줄어들 것으로 생각된다. 이러한 모험적 투자 속에서 비효율적으로 잘못 투자되는 돈도 제법 많아졌을 것이다. 그러나 '실패를 통한 학습'의 측면에서 생각해본다면, 이러한 모험적 투자에서도 긍정적인 면을 발견할 수 있다.

1990년대 말에서 2000년대 초반에 전 세계 주식시장은 IT 버블을 겪었다. 흔히 '닷컴 버블'이라 부르는 광풍이다. 회사 이름에 '기술'만 들어가도, 현재 발생하는 매출이 전혀 없어도 인터넷 사업을 하겠다는 계획서만 제출하면 주가가 마구 오르던 시절이었다. 하지만 영원할 것 같던 주가도 어느 순간 하락으로 반전해 90% 이상 폭락한 사례가 속출했고, 심지어 망해서 사라진 기업도 많았다.

그렇다면 당시의 버블이 아무런 의미가 없는 걸까? 아니다. 실패와 시행착오 속에서 얻어진 경험과 교훈들이 분명 지금의 IT 발전에 밑거름이 되고 있을 것이라 생각한다. 또한 당시에 다양한 전략과 아이디어로 많은 기업들이 여러 가지를 시도해보았기 때문에 그중에 크게 성장한 기업이 나올 수 있지 않았을까 하는 생각도 든다.

하지만 돈의 증가에는 이러한 긍정적인 면만 있는 것은 아니다. 대표적으로 자산시장의 버블을 생각해보자. 시중금리가 너무 낮아서 은행을 이탈한 돈들이 갈 곳을 잃고 여기저기 헤매고 있다는 기사를 쉽게 찾아볼 수 있다. 시중에 돈은 너무나 많고, 경기부진으로 투자 건은 줄어들어서 돈에 대한 수요는 줄어든 상황이다.

한국의 주식시장이 10여 년째 일정 지수의 밴드에 갇혀 있는 것도 글로벌 경기부진과 중국의 부상, 경쟁 심화 등 대내외적인 어려움을 반영한 결과로 보여진다. R&D를 강화하고 혁신해서 새로운 먹거리를 찾아야 한다는 목소리는 오래 전부터 계속되어 왔지만 성과는 기대에 미치지 못하는 것 같다.

한국의 경우 갈 곳 잃은 돈들이 수도권 부동산으로 몰려서 가격을 한 레벨 올려놓았다. 부동산을 소유한 사람들에게는 호재였지만, 그렇지 않은 사람들에게는 크나큰 상대적 박탈감을 안겨주었다.

부동산가격의 상승은 주거비용의 상승, 임대료 상승 등으로 연결된다. 국민 전체의 관점에서 보았을 때 생활의 질을 떨어뜨리고, 물가를 높이며, 빈부의 격차를 확대시키는 부정적 효과를 갖는다. 한마디로 사회적·정치적 안정성을 떨어뜨리게 된다.

'위험 대비 수익'의 관점에서 건전한 투자처를 마련해 돈이 흘러갈 물꼬를 터주는 일은 이제 우리 사회의 새로운 과제로 부상하고 있다.

돈의 시야를 국내에서 해외로 넓혀주고, 혁신을 가져오고 생산성을 높이는 투자로 돈이 연결될 수 있도록 정부와 기업 그리고 우리 사회 모두가 고민해야 하는 시점이다. 그렇지 않으면 이 많은 돈이 '풍요를 낳는 수단'이 아니라 '풍요를 갉아먹는 애물단지'가 될 수 있을 것이다.

돈이 생산과 혁신으로 가면 생산이 늘어나고 비용이 절감되어 물건 값이 저렴해지므로 모두의 풍요가 증진된다. 하지만 부동산과 같은 자산시장으로 쏠리게 되면 주거비용이 상승하고, 결국 모두의 풍요가 후퇴한다. 우리 시대가 감당하기 힘들 만큼 많아진 돈! 그 이동 방향이 향후 시대의 운명을 결정하는 열쇠가 될 것이다.

3장

적당한 인플레이션은
자본주의의 성장 동력

"인플레이션은 지극히 화폐적인 현상이다"라는 말이 있습니다. 돈은 경제가 성장함에 따라 민간은행의 신용창출을 통해 중앙은행의 발권과 금리 인하 등에 의해 꾸준히 증가했습니다. 따라서 인플레이션은 돈의 양이 빠르게 증가하기 시작한 20세기 이후의 고유한 현상이라 할 수 있습니다.

인플레이션이 나타나면 물가가 상승하므로 부정적인 효과가 크지 않느냐고 생각할 수도 있습니다. 하지만 인플레이션이 아주 없는 것보다는 미약하게 나타나는 상태가 경제 발전에는 오히려 긍정적입니다. 내일 물가가 오른다고 생각하면 사람들은 오늘의 소비를 내일로 미루지 않기 때문입니다. 다만 지나친 인플레이션은 소비가 둔화되므로 좋지 않고, 물가가 전반적으로 하락하는 디플레이션은 경제에 아주 나쁜 영향을 미칩니다. 내일의 물가 하락이 예상되면 오늘의 투자와 소비를 미루게 되기 때문입니다.

한편 부채와 인플레이션 사이에, 부채와 디플레이션 사이에 숨겨진 관계를 파악하면 경제가 돌아가는 원리에 더 가까이 다가갈 수 있습니다. 인플레이션이 나타나면 부채의 부담이 줄어들고, 디플레이션이 나타나면 부채의 부담이 증가하게 됩니다. 그런데 부채가 증가한 순간 돈이 늘고 인플레이션 압력이 높아지는 반면, 부채가 줄어든 순간 돈이 줄고 디플레이션 압력이 높아집니다. 여기에서 우리는 부채가 늘어나면 부채의 부담이 줄어들고, 부채가 줄어들면 부채의 부담이 늘어난다고 하는 '부채에 숨겨진 놀라운 비밀'과 만나게 됩니다. 부채의 부담을 줄이기 위해 오히려 부채를 늘린다는 역설 속에는, 이 시대가 부채의 늪에 빠져 부채의 구조조정을 하지 못하는 이유가 숨어 있을 수도 있습니다.

실물경제 속에서 나타나고 있는 디플레이션 조짐을 막기 위해 전 세계의 주요 중앙은행들은 적극적인 양적완화를 실시하고 있습니다. 이 과정에서 풀린 돈은 실물투자로 가지 않고, 부동산시장과 주식시장으로만 흘러들어가 자산시장의 인플레이션 압력을 높이고 있습니다. 실물경제의 디플레이션 압력 속의 자산시장 인플레이션! 이것이 현재 우리의 상황을 요약하는 한 문장입니다. 시대의 양면성 속에서 우리는 어떤 선택들을 해야 할까요? 이번 장에서 함께 생각해봅시다.

인플레이션의 탄생과
자본주의의 발전

　2015년 11월 5일, 한국에서 구형 10원짜리 동전을 녹여서 금속으로 팔아온 일당이 구속되는 사건이 발생했다.[13] 동전 수집책, 중간 수집책, 융해 업자들이 서로 역할을 나누어 맡았다. 10원짜리 동전은 구리 65%, 아연 35%로 이루어진 합금인데, 화폐로서의 가치는 10원이지만 금속으로서의 가치는 최소 25원에서 많게는 40원에 상당한다고 한다.

　이 구형 10원짜리 동전은 지름이 22.86mm로서 1966년에 처음 생산되어 2006년까지 만들어졌고, 그 이후에 나온 신형 동전은 지름이 18mm로 작아졌다. 그래서 수집상은 구형 동전만 모았는데 10원짜리 동전을 15원 주고 구매했다고 한다.

　10원짜리 동전 600만 개를 녹인 무게는 24톤이었고, 이를 팔아 번 수입은 2억원이었다. 동전을 훼손하는 행위는 한국은행법 위반으로 6개월 이하의 징역이나 500만원 이하의 벌금형을 받게 되어 있다. 이 사건은 화폐[동전], 금속, 인플레이션에 대해 생

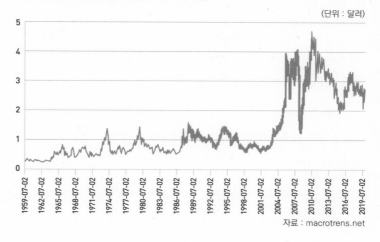

〈그림 3-1〉 파운드당 구리 가격(1959~2019년)

(단위 : 달러)

자료 : macrotrens.net

각해볼 수 있는 좋은 계기를 마련해준다.

1966년 처음 10원짜리를 만들었을 때 그 속에 함유된 금속의 가치는 10원 미만이었을 것이다. 중세시대의 정부는 화폐 속에 함유된 귀금속의 양을 줄임으로써 화폐를 찍어내면서 돈을 벌고자 했다. 이를 화폐주조차익, 다른 말로 '시뇨리지seigniorage'라고 한다.

현대정부에서 그런 의도를 가질 리는 없지만, 생산 비용상 문제가 있기 때문에 굳이 표시 가격보다 더 많은 금속을 함유시키려고 하지도 않았을 것이다. 10원짜리 동전의 표시 가격은 여전히 10원이지만, 세월이 흘러 그 속에 함유된 금속의 가치는 이를 뛰어넘게 된 것이다.

그런데 구리의 경우 다른 상품들과 비교했을 때 가격 대비 상승폭이 아주 낮은 편에 속한다. 구리 가격은 1966년 이후 최근까지 약 4~6배가 올랐다. 만약 구리 가격이 서울 부동산처럼 올랐다면, 이처럼 동전을 훼손하거나 녹이는 사건은 훨씬 이전에 발생했을 것이다.

필자가 어렸을 적인 1980년대 초반에 아이스크림은 대개 50원, 자장면은 500원, 학교 앞 떡볶이 1인분은 50원이었다. 지난 40년 동안 아이스크림 가격은 20~30배, 자장면은 약 15배, 떡볶이는 30~40배 상승했다. 이처럼 물가상승은 보편적이었고 지속적이었다.

인플레이션은 시중의 통화량이 증가해 물가가 전반적·지속적으로 상승하는 경제현상을 말한다. 다시 말하면 돈이 많아져 돈의 가치가 하락한다는 것이 핵심이다. 노벨 경제학상을 받은 미국의 경제학자 밀턴 프리드먼Milton Friedman은 일찍이 "인플레이션은 언제 어디서나 화폐적 현상이다"라고 말한 적이 있다.[14]

우리는 인플레이션을 일상생활에서 피부로 느끼며 살고 있다. 버스요금, 자장면 값, 대학 등록금, 부동산가격 등. 그래서 가격상승은 언제나 있어왔고, 앞으로도 그럴 것이라 예상한다. 하지만 인플레이션이 지극히 화폐적인 현상이라면, 돈이 늘지 않고 경제발전도 더뎠던 시절에는 인플레이션이라는 개념이 사실상 존재하지 않았다고 봐야 한다. 1차 세계대전 이전까지만 해도 인플레이션은 아주 미약했다.

〈표 3-1〉은 19세기 이후의 미국 인플레이션을 나타낸다. 이

〈표 3-1〉 19세기 이후의 미국 인플레이션

(단위 : %)

구분		인플레이션
기간	1802~2012	1.4
	1871~2012	2.0
하위 기간	1802~1870	0.1
	1871~1925	0.6
	1926~2012	3.0
2차 세계대전 이후	1946~2016	3.9
	1946~1965	2.8
	1966~1981	7.0
	1982~1999	3.3
	2000~2012	2.4

자료 : 제러미 시겔, 『주식에 장기투자하라』, p.121

자료를 보면 1802년에서 1925년까지는 인플레이션이 상당히 미약했음을 알 수 있고, 그 이후인 1926년부터 3% 정도로 크게 확대되었음을 알 수 있다. 1926년부터 2012년 사이에는 돈을 마구 찍어댄 2차 세계대전, 1945~1973년의 '자본주의 황금기'[15] 그리고 1971년 이후의 불태환 선언 등의 이벤트가 포함된다.

3%가 낮아보여도 복리의 효과가 있으므로 그 효과는 대단하다. 인플레이션이 0.5%일 때 물가가 2배 되는 데 걸리는 시간은 139년이다. 이에 반해 인플레이션이 3%일 때 물가가 2배 되는 데 걸리는 시간은 24년으로 단축된다.

그렇다면 1800년대 이전은 어떠한가? 토마 피케티 Thomas Piketty

〈표 3-2〉 기원후 세계의 성장(연평균 성장률)

연도	세계 생산 (%)	세계 인구 (%)	1인당 생산
0~1700	0.1	0.1	0.0
1700~2012	1.6	0.8	0.8
1700~1820	0.5	0.4	0.1
1820~1913	1.5	0.6	0.9
1913~2012	3.0	1.4	1.6

자료 : 토마 피케티, 『21세기 자본』, p.95

에 따르면 1700~1820년 그리고 1820~1913년의 평균 물가상
승률을 살펴보면 프랑스, 영국, 미국, 독일의 인플레이션은 기
껏해야 연 0.2~0.3%로 무시해도 좋을 정도였다.[16]

이 기간의 인구와 경제성장도 함께 살펴보자. 토마 피케티의
책『21세기 자본』을 보면 1800년대 이전의 인구와 경제성장에
대한 자료를 확인할 수 있다. 〈표 3-2〉를 보면 0~1700년의 기간
동안 전 세계 인구는 0.1%씩 성장했고, 세계 생산량도 마찬가지
로 0.1%씩 증가했다. 또한 〈표 3-1〉과 〈표 3-2〉를 종합해서 생
각해보면, 세계 생산의 증가량과 미국의 인플레이션이 비슷한 추
세를 나타내고 있음을 알 수 있다. 결국 본격적인 인플레이션은
20세기의 고유한 현상이라 말할 수 있다.

그런데 인플레이션의 주요 원인인 돈은 왜 이렇게 많이 증가
하게 되었을까? 지금까지 살펴본 내용을 다시 정리해보자.

- 경제의 성장 : 상품과 서비스가 늘어난 만큼 돈이 필요하다.
- 은행의 부분지급준비금제도 : 저축한 돈의 일부만 남기고 외부로 대출할 수 있다.
- 중앙은행의 양적완화와 기준금리 인하 : 양적완화는 본원통화를 늘리고, 기준금리 인하는 시장 이자율 하락으로 연결되어 대출을 자극한다.

이상의 3가지가 돈이 빠르게 증가한 주요 배경이다. 그리고 한 가지 더 있다. 그것은 저축에 대한 이자이다.

저축에 대해 이자를 주기 시작한 17세기부터 인플레이션이라는 현상이 생겨났다는 주장이 있다.[17] 우리의 신용화폐 시스템에서는 모든 돈이 신용이고 빚이며, 이자라는 꼬리표가 붙는 돈은 없다. 이자를 주기 위해서는 사실상 추가적인 화폐 발행이나 대출이 필요하다. 결국 돈의 증가로 이어진다.

일본과 유럽은 노령화와 경기둔화, 물가상승률 하락 등의 공통적인 문제를 겪고 있다. 각각의 중앙은행인 BOJ^Bank of Japan와 ECB^European Central Bank의 인플레이션 목표치도 2%로 동일하다. '뜨겁지도 않고 차갑지도 않게!'

2%가 의미하는 바는 이와 같다. 경제성장률에 비해 인플레이션이 너무 지나치면, 소비가 둔화되어 경제가 타격을 입는다. 2011년 전 세계적으로 농산물과 비금속 등 상품^Commodity 가격이 크게 상승할 때 이 같은 현상이 발생했다.

2011년 여름, 필자가 일했던 에셋디자인투자자문은 경제성장률^{GDP}−소비자물가지수^{CPI}의 수치가 마이너스로 전환하는 것을 보고 _{즉 경기성장률보다 소비자 물가상승률이 높은 것을 보고} 소비 감소와 경기둔화를 예상해 고객 자산의 투자비중을 급격하게 줄여서 주식시장 하락을 용케 피해갔던 적이 있다.

한편 경제성장률에 비해 인플레이션이 0이 되거나 마이너스가 되어 디플레이션으로 전환되면 역시 큰 문제가 생긴다. 내일이 되면 가격이 떨어질 것을 알기 때문에 오늘의 소비를 뒤로 미루고, 자산시장의 가격이 하락해 경제주체가 파산의 위험에 직면하게 된다.

기대 인플레이션은 소비와 투자를 활성화시키는 측면이 있기 때문에 '뜨뜨미지근'한 인플레이션은 자본주의 발전에 긍정적인 영향을 미친다. 그래서 정부와 중앙은행은 인플레이션을 잘 관리하는 데 정책의 주안점을 두게 된다. 유럽과 일본의 경우에는 물가상승률이 지나치게 낮고 소비 둔화가 우려되는 상황이기에 통화 확장적인 정책을 계속하고 있는 것이다.

한편 '인플레이션만 잘 관리하면 중앙은행의 역할은 끝났다'는 생각은 2008년 금융위기가 발발하면서 큰 도전에 직면하게 된다. 당시 인플레이션은 낮게 잘 관리되고 있었지만, 부실하게 대출된 부채에 문제가 생겨 심각한 시스템 위기로까지 확대되었기 때문이다.

인플레이션을 잘 이해하는 것은 투자에 있어서도 아주 중요하다. 우선 큰 틀에서 인플레이션이 강해질 때에는 부동산과 주식과 같은 실물자산이 유리하고, 인플레이션이 약해질 때는 채권이 상대적으로 유리하다고 볼 수 있다.

그런데 인플레이션 환경일 때 '해당 기업이 판매하는 상품과 서비스의 가격을 높일 수 있느냐 없느냐'는 기업의 경쟁력을 평가할 때 아주 중요하다. 즉 경제적 해자^{진입장벽}나 경쟁력이 있어서 판가에 물가상승분을 전가할 수 있는 기업 중심으로 투자해야 한다.

인플레이션이 강해질 때 채권이 불리한 이유는 원금과 이자가 고정된 상품이기 때문이다. 특히 만기가 긴 채권일수록 더욱 불리하다. 반대로 인플레이션이 약해질 때는 시장 이자율도 낮아지기 마련인데, 이때는 고정된 이자율을 받는 채권투자가 유리하게 된다.

부채와 인플레이션 사이의 숨겨진 관계

주의력이 깊은 사람도 부채와 인플레이션 사이에 숨겨진 관계를 잘 모르는 경우가 많다. 일상적인 감각으로는 이 부분을 알기 어렵다. 언뜻 보기에는 관련이 없는 것들 사이에 숨겨진 패턴을 아는 것, 이것이 바로 성찰의 목표이다.

우리가 지금까지 주로 관심을 가졌던 것은 주로 가치와 가격의 변화였다. 인플레이션이 나타날 때 부채는 어떻게 될까? 독립적 사고의 훈련을 위해서 아주 잠시만 생각해보자.

인플레이션은 돈이 많아지기 때문에 나타난다. 그런데 부채로 갚아야 할 원금은 고정되어 있다. 시중의 돈은 많아지는데 부채는 고정되므로 상대적으로 그 양이 적어지는 효과가 생긴다. 앞서 이야기했던 상품과 돈의 수량 대결이 생각나지 않는가? 결국 부채의 '상대적 가치'가 높아지고 '부채의 부담'이 줄어든다. 부채를 가진 사람이 유리하다.

내용이 다소 어렵게 느껴지는가? 표현들이 생소하기 때문에 그럴 수 있다. '갚아야 할 부채의 상대적 가치가 높아진다'는 말은 그다지 상식적인 표현은 아니다. 그렇다면 이렇게 생각해보자. 인플레이션이 나타나면 돈이 많아져서 시중의 돈 가치가 떨어진다. 그러면 돈을 빌린 사람은 가치가 떨어진 시중의 돈을 구해, 액수가 정해져 있는 부채를 보다 쉽게 갚을 수 있다.

다음은 하노 벡Hanno Beck 등이 공저한 책 『인플레이션』에 나오는 내용이다.

"독일에서 인플레이션으로 가장 많은 돈을 번 사람은 기업가 휴고 슈티네스Hugo Stinnes다. (중략) 그는 대출을 받아 기업, 호텔, 신문사를 사들였다. 수백 개 업체가 합병되어 탄생한 대기업의 종업원 수만 60만 명이었다. 두뇌 회전이 빨랐던 그는 화폐의 가치가 휴지 조각이 될 때까지 기다렸다가 대출금을 상환했다."[18]

앙드레 코스톨라니의 책 『돈, 뜨겁게 사랑하고 차갑게 다루어라』에도 비슷한 사례가 소개되어 있다.

"한편 프랑스의 프랑화에 무리한 투자를 한 만하이머의 동료 카미오 카스틸리오니는 이태리의 트리에스트 출신으로 랍비의 아들이었다. 그는 오스트리아에서 인플레이션 덕택에 부자가 된 사람이었다. 1914년 이전에 그는 어떤 회사의 무역 업무를 맡으면서 금융업에 뛰어들었는데, 전쟁 이후 화폐의 평가절하를 통해 부자가 될 수 있음을 알아채고는 오스트리아에서 신용으로 가격과 종목에 상관없이 증권을 마구 사들이고 나중에 평가절하된 화폐로 빚을 지불했다."[19]

'인플레이션이 나타나면 부채의 상환 부담이 떨어진다'는 것은 부채와 인플레이션 사이에 숨겨진 놀라운 관계이다. 앙드레 코스톨라니는 다음과 같은 말을 남겼다.

"인플레이션은 채권자에게 지옥, 채무자에게는 천국이다."[20]

투자의 관점에서 보면 이런 교훈을 얻을 수 있다. '인플레이션이 예상되는 투자대상이 있다면, 대출을 받아서 그것을 사라. 물론 이자를 감내할 수 있는 수준 내에서의 대출이어야 할 것이다.'
흔히 레버리지Leverage 투자라고도 하는, 대출을 낀 투자는 인플레이션 환경에서는 투자수익을 증대시키는 좋은 수단이 된다. 대출을 끼고 하는 부동산투자를 생각하면 쉽게 이해가 될 것이다. 그리고 인플레이션 환경이 예상되면 채권투자는 조심해야 한다.

만약 부채를 많이 가진 쪽이 권력을 가졌고, 자신이 가진 부채의 부담을 줄이려고 하는 의도를 가지고 있다면 어떻게 될까? 이는 실제로 역사상 많이 일어난 일이다.

대표적인 사례인 바이마르 공화국의 하이퍼인플레이션을 살펴보자. 전쟁의 후유증으로 세수는 줄었는데 막대한 전쟁 배상금을 갚아야 했던 당시 바이마르 공화국 정부는 손쉬운 방법을 선택하게 된다. 바로 돈을 찍어서 갚는 방법이다. 이 방법은 없던 돈을 만들어서 갚으니 좋고, 돈을 찍어내니 인플레이션이 발생해 갚아야 할 배상금의 부담이 줄어서 좋다고 할 수 있다. 말 그대로 양수겹장인 셈이다.

하지만 이렇게 돈을 막대하게 찍어내니 환율이 폭등해서 물가가 더 올라가고 더 많은 돈을 찍어내야 하는 악순환에 도달하게 된다. 1918년까지만 해도 0.5마르크로 살 수 있었던 빵 한덩이 가격이 1923년 11월경에는 1천억마르크까지 올랐다고 한다.[21] 이는 불과 5년 사이에 빵 가격이 약 2천억배나 올랐다는 것을 의미한다. 누적된 경기 부양책으로 재정부채의 부담이 높아지는 현대정부들도 이러한 유혹을 느끼지 않는다고 말하기는 어려울 것이다.

니얼 퍼거슨^{Niall Ferguson} 하버드대학교 교수는 이렇게 말했다.

> "인플레이션은 밀턴 프리드먼의 말대로 화폐적 현상이다. 그렇지만 초인플레이션^{하이퍼인플레이션}은 언제 어디서나 정치적 현상으로, 한 나라의 정치 경제가 근본적으로 오작동하지 않는 한 발생하지 않는다."[22]

엄청난 하이퍼인플레이션을 겪은 아프리카의 짐바브웨나 남미의 베네수엘라는 정치와 경제가 오작동하고 있는 나라들이다.

부채와 인플레이션 사이에는 또 한 가지 재미있는 관계가 숨어 있다. 모든 돈이 신용이고 빚이라는 말을 떠올려보자. 돈을 빌린 순간, 세상에 돈이 늘어난다. 즉 대출을 받는 순간, 세상에 인플레이션이 만들어질 가능성이 높아진다. 그러므로 우리는 이렇게 말할 수 있다. 부채와 인플레이션은 서로가 서로를 끌어당기며 자본주의를 굴려 왔다고. 이는 긍정적 피드백이고 자기강화적이다.

부채의 증가는 경제적 사이클을 만들어낸다. 부채가 증가하면 돈이 늘고 소비와 지출이 늘어 인플레이션이 만들어진다. 그 인플레이션은 또 부채를 증가시켜서 경제를 성장시킨다.

하지만 어느 순간 소득이 정체되고 경기가 둔화되어 더 이상 부채를 늘리기 어려운 시점이 반드시 오게 된다. 은행이나 채권자가 채무자의 신용과 소득을 고려할 때 더 이상의 대출은 '위

험 대비 수익'의 관점에서 리스크가 커졌다고 판단할 때다. 이때
는 추가적 대출을 중지하며 기존 대출의 회수에 나서게 된다. 그
때 부채가 줄어들게 된다.

지금까지 부채와 인플레이션의 관계를 살펴보았다. 이제부터
는 부채와 디플레이션의 관계를 살펴보자. 여기에도 재미있는 사
연들이 많이 숨어 있다.

가격변화와 부의 재분배

모든 가격변화는 부의 재분배 효과를 갖는다. 즉 가격변화는 경제가 정치와 연결되는 다리가 된다. 지극히 순수한 경제적 활동이란 있을 수 없다.

우리가 살아가는 세상의 경제적 활동이 '가격'이라는 매개를 통해서 부의 이동으로 연결되면, 이는 순수한 경제적 영역을 넘어서 정치화된다. 이자율과 환율의 변화, 인플레이션, 디플레이션, 부동산 및 주식 가격변화, 세율의 변화 등, 이 모든 것이 곧 가격변화이며 이를 통해 부가 재분배된다.

사와카미펀드의 사와카미 아쓰토澤上篤人는 그의 책 『불황에도 승리하는 사와카미 투자법』에서 이자율의 변화가 미치는 효과에 대해 다음과 같이 언급하고 있다.

"불황에 일반적인 금융 완화와 저금리 정책은 개인과 가계에서 기업으로 소득을 강제적으로 옮기려는 의도가 있다. '개인과 가계의 금리 수입이 줄어든 만큼을 기업에 돌리면 기업이 건강해진다. 그렇게 되면 기업 활동이 활발해지고 경기도 좋아진다. 그러니 개인과 가계는 잠시 참으라'는 것이 저금리 정책의 의미인 것이다."[23]

사와카미의 주장은, 저금리 정책 속에는 개인과 가계[채권자]로부터 주로 자금을 대출받아 사업을 하게 되는 기업[채무자]에게로 소득을 옮기려는 의도가 있다는 것이다.

환율은 어떠한가? 환율이 높아지면[통화의 절하] 수입 물가가 높아져서 국민의 생활은 어려워진다. 반면에 수출기업들은 그만큼 수익이 늘어난다. 부가 국민의 호주머니에서 수출기업으로 이전되는 효과가 있는 것이다.

인플레이션은 또 어떠한가? 앙드레 코스톨라니의 "인플레이션은 채권자에게 지옥, 채무자에게 천국"이라는 말을 떠올려보자. 즉 인플레이션은 채권자에게서 채무자에게로 부를 이전시킨다. 디플레이션은 반대로 채무자에게서 채권자에게로 부를 이전시킬 것이다.

경제가 잘 돌아가기 위해서는 '미약한 인플레이션'이 필요하다고 앞에서 논의한 적이 있다. 그래서 정치가들은 인플레이션을 선호한다.

그런데 경제적인 이유 말고도 정치적인 이유에서 정치가들이 인플레이션을 선호하게 된다는 주장이 있다. 다음은 미국 인디애나-퍼듀대학교 경제학과 김재수 교수의 '역차별의 경제학'이라는 기고문의 일부이다.[24]

다음 2가지 경우에 대해서도 생각해 보십시오.

(1)"도시는 상당한 실업과 경기침체를 경험하고 있습니다. 다행히 인플레이션은 전혀 나타나지 않았습니다. 회사는 올해 임금을 7% 감축했습니다."

(2)"도시는 상당한 실업과 12%의 인플레이션을 겪고 있습니다. 회사는 올해 임금인상 폭을 5%로 제한했습니다."

앞의 경우를 62%가 불공정하다고 답했지만, 다음 경우를 22%만이 불공정하다고 답했습니다. 사실 두 경우에서 실질적인 임금 감소의 크기는 같습니다. 그런데도 응답자의 반응이 다른 이유는 무엇입니까. 예상된 이득의 축소에 대해서보다 손실에 대해 더 강하게 불공정하다고 느끼기 때문입니다.

'예상된 이득의 축소에 대해서보다 손실에 대해 더 강하게 불공정하게 느낀다'는 것을 다르게 표현하면, 인플레이션이 예상되는 환경에서 나의 소득이 덜 오르는 건 괜찮지만^{예상된 이득의 축소}, 경기침체 속에서 소득이 줄어드는 것^{손실}에 대해서는 더욱더 강하게 불공정하게 느낀다는 것이다. 물론 경제적인 의미에서의 손실 폭은 같더라도 말이다. 모두에게 똑같이 공평하게 돌아가게 하기가 힘들다면 차라리 인플레이션 환경이 욕을 먹지 않게 되는 것이다.

비슷한 통찰로 세일러의 다음과 같은 주장도 눈여겨볼 만하다.

"물가가 오르더라도 월급이 오르면 기뻐하고, 물가가 떨어져도 월급이 내리면 불만을 갖게 된다. 그래서 디플레이션은 정치적으로 죽음이다."[25]

지폐가 발명되자마자 이를 정치적으로 악용하고, 인플레이션을 상시적인 시뇨리지로 활용했던 근대 이전의 정부는 사라졌을지 모른다. 하지만 모든 가격변화는 부의 재분배에 관여하게 되므로 이미 태생적으로 정치적이다. 또한 현대정부의 각종 정책과 제도에 따라 시장 경제의 여러 가격 변수가 자연스럽게 영향을 받게 된다는 점을 잊어서는 안 될 것이다.

부채와 디플레이션의
밀접한 상호 관계

　디플레이션은 인플레이션과 반대로 통화량이 감소해 물가가 전반적·지속적으로 하락하는 현상을 말한다. 인플레이션을 이해할 때처럼 돈의 수량을 비교해 가치와 가격변화를 살펴보자.

　디플레이션은 시중의 돈이 줄어드는 현상 때문에 발생한다. 시중의 돈이 귀해지면 돈의 가치가 높아진다. 그런데 갚아야 하는 돈은 고정되어 있다. 부채의 '상대적 가치'가 떨어진다. 더 쉽게 말하면 돈을 구하기 힘들어 갚아야 할 부채의 부담이 높아진다. 디플레이션은 채무자에게 불리하게 된다.

　부채가 인플레이션과 아주 밀접한 상호관계를 가졌듯이, 디플레이션과의 관계도 마찬가지다. 인플레이션과 가졌던 관계들을 거꾸로 생각하면 된다. 인플레이션이 나타날 때 부채의 부담은 줄어들었다^{부채의 가치가 높아졌다}. 그러면 디플레이션이 나타나면? 부채의 부담이 늘어난다^{부채의 가치가 낮아진다}. 한 가지 더, 부채가 늘어날 때 인플레이션이 같이 나타날 확률이 높았다. 그러면 부채가 줄어들 때는? 맞다. 디플레이션이 함께 나타날 확률이 높아진다.

　어빙 피셔Irving Fisher, 1867~1947는 대공황을 경험한 미국 경제학자이다. 1929년 주가 폭락 9일 전에 "주가가 영원히 하락하지 않을 안정상태에 이르렀다"고 공언한 것으로 유명하다.[26] 주가 폭락으로 그는 재산과 명성을 모두 잃었다. 절치부심했을 어빙 피셔는 1933년 펴낸 논문에서 부채-디플레이션 이론The debt deflation theory을 제시한다. 대공황의 숨은 비밀을 찾아낸 것이다.

"부채에 의해 일어난 디플레이션은 부채에 작용한다. 갚지 않은 부채는 더 커진다. (중략) 부채의 청산은, 그것이 야기하는 가격 하락의 속도를 따라가지 못한다. 이 경우에 청산은 그 자신을 몰락시킨다. 청산하면 갚아야 할 명목 금액은 줄어들지만, 남아 있는 부채의 부담은 커진다. (중략) 부채를 갚을수록 더 많이 빚진다. 바로 이것이 대공황의 주요한, 전부는 아니어도 비밀스러운 역설이라 할 수 있다."[27]

어빙 피셔의 부채 디플레이션은 다음의 9가지 과정을 거쳐서 진행된다.

(1)부채청산 과정에서 헐값 매각 (2)은행대출 감소 (3)물가 하락 (4)기업순가치는 더 크게 하락해 파산 급증 (5)이윤 감소 (6)생산, 거래, 고용 감소 (7)비관주의와 자신감 부족 (8) 현금화폐 퇴장 및 화폐유통속도 감소 (9)명목이자율은 하락하고 실질이자율은 오르는 등 이자율 혼란.[28]

대부분의 중앙은행은 디플레이션이 인플레이션보다 위험하다고 생각한다. 사람들이 소비와 투자를 미뤄 경기둔화가 나타나고, 경기둔화가 나타나면 실업이 늘고 사회가 불안에 빠질 수 있으며, 자산가격 하락 내지는 소득 감소로 빚을 많이 지고 있던 주체들의 파산이 나타나는 등 경제가 악순환의 고리에 빠져들 수 있기 때문이다. 그래서 정부와 중앙은행은 여러 방법으로 돈을 푸는 한편, 인플레이션에 대한 기대감을 만들고자 노력한다. '헬리콥터 머니'^{중앙은행이 국민에게 직접 펼치는 대규모 양적완화}도 기대 인플레이션을 만들어내기 위한 노력의 일환이다. 내일이면 가격이 오를 것이란 생각이 들면 오늘 소비를 늘릴 확률이 높아진다.

그런데 또 한 가지 여기에 무서운 디플레이션의 비밀이 숨어 있다. 디플레이션이 부채의 상환 부담을 높여 경제주체들의 파산을 가속화한다는 점이다.

부채-디플레이션 이론은 우리에게 3가지 시사점을 던져준다.

첫째, 디플레이션 환경에 닥쳐서 부채를 갚으면 더 큰 재앙이 닥칠 수 있으므로 부채가 너무 많아지지 않도록 미리 관리해야 한다. 특히 레버리지 투자는 위험해진다. 하지만 대부분의 국가에서 특히 가계와 정부의 경우, 부채를 잘 관리하고 있는 경우를 찾기 쉽지 않다. 오히려 글로벌 전체의 부채는 계속 늘고 있다.

둘째, 주요 선진국 모두 이미 너무 많은 부채비율을 가지고 있어 부채의 구조조정이 쉽지 않다. 위기 때마다 중앙은행들이 이전보다 훨씬 고강도의 신용 보강에 나서고 있는 것은 부채-디플레이션의 압력이 높아졌기 때문이다. 즉 지금은 그 어느 때보다 디플레이션 압력이 높아진 시점일 수 있다.

셋째, 부채를 갚을수록 부채의 부담이 늘어난다는 점은 부채 구조조정의 어려움을 잘 말해준다. 현재 우리는 당장에 부채를 늘려서 부채 문제를 해결하는 손쉬운 길과 방만한 부채에 대한 구조조정이라는 아프지만 옳은 길 사이에서 선택을 강요받는 순간에 봉착해 있다. 하지만 많은 나라들이 이미 부채의 늪에 빠져, 자꾸만 손쉬운 길을 선택하고 있는 것은 아닌지 의문이 든다.

대공황의 또 다른 원인은 돈 버는 방식의 변화?

1929년 대공황의 원인을 두고 케인지언과 통화론자의 주장이 크게 갈린다. 케인지언은 유효수요의 부족을 언급하며, 이로 인한 대량실업의 문제를 정부 지출의 확대 등으로 해결할 수 있다고 주장한다. 이에 반해 밀턴 프리드먼과 같은 통화론자는 중앙은행이 통화공급량을 지나치게 삭감한 것이 주요 원인이라고 지적한다. 대공황이라고 하는 광범위한 경제현상에 대해 각각의 측면에서 주요한 원인들을 잘 지적하고 있는 것으로 보인다.

그런데 새로운 해석이 있어 소개하고자 한다. 일본의 유명한 투자자인 고레카와 긴조是川 銀蔵, 1897~1992는 1929년 대공황으로 운영하던 회사가 도산하고 만다. 예상치 못한 위기의 원인과 자본주의를 탐구하기를 3년, 그는 다음과 같은 결론에 도달한다.

"자본주의 경제는 끊임없이 다음 상태로 이행해가는 파동을 반복한다. 금융공황이 일어나는 등의 일은 그곳에 있는 이윤추구의 구조, 그것이 혼란을 일으킨 것으로 이윤을 추구하는 이상 경제의 변동이 불규칙적이지만, 일정한 큰 리듬으로 일어나는 것을 피할 수는 없다."[29]

이윤추구 구조의 혼란! 이것이 고레카와 긴조가 제시한 대공황의 원인이다.

다음은 1800년대 후반부터 1920년대 말 사이에 일어났던 농업의 기계화에 대한, 미래학자 제러미 리프킨Jeremy Rifkin의 설명이다. 참고로 1850년 미국에서는 노동인구의 60%가 농업에 종사하고 있었다.

"농업의 기계화는 이미 100여 년 전에 시작되었다. 1880년 1에이커의 보리농사를 수확하기 위해서는 20명 이상의 시간당 노동력이 필요했다. 1916년경에는 그 수치가 시간당 12.7명으로 줄어들었다. 불과 20년 뒤에는 시간당 6.1명만이 필요하게 되었다. 농업 부분에 있어서 생산성 향상은 너무나 급속하고 효과적이었기에 1920년대 말경에는 경제 불안이 작황의 실패에 의해 더 이상 야기되지 않았고 그보다는 과잉 생산에 의해 발생했다."[30]

대공황의 원인과 관련해 농업 인구의 변화에 대해서 주목하는 사람은 그렇게 많지 않다. 하지만 1880년 이후 1920년대 말까지 급속한 농업의 기계화로 상당히 많은 사람들이 일자리를 잃었을 것이라는 사실을 추론할 수 있다. 이윤추구의 구조가 농업에서 공업으로, 삶의 터전이 농촌에서 도시로 급속히 변화하던 시절이다. 상당히 빠른 변화는 필연적으로 부적응을 낳기에 위험하다. 오늘날 미국 노동력의 단지 2.7%만이 직접적으로 농업에 종사하고 있다.

영국 금융감독청에서 일했던 아데어 터너^{Adair Turner}는 다음과 같이 말한 적이 있다.

> "한국과 일본 둘 다 금융통제와 ^{정부 지출에 의존한} 높은 투자율 모델로부터 ^{시장경제와 소비 중심의} 다른 모델로 전환할 때 금융위기를 겪었다. 중국이 향후 10년 동안 전환을 잘 해 나갈지가 매우 중요하다."[31]

이윤추구의 구조 혹은 경제성장 모델의 변화, 다른 말로 돈 버는 방식의 변화. 어쩌면 이것이 대공황의 또 다른 원인이 되지 않았을까? 코로나19로 자영업의 기반이 크게 흔들리고 있고, 기업에서도 인력을 로봇이나 AI와 같은 자동화 시스템으로 대체하려는 움직임이 광범위하고 빠르게 나타나고 있다. 너무 빠른 변화에 경제주체들이 대응하지 못하는 경우, 글로벌경제에는 큰 잠재적 위협이 될 수 있다.

인플레이션인가,
디플레이션인가?

영어에서 1월을 뜻하는 January는 로마 신화에 나오는 시작과 이행의 신 야누스^{Janus}에서 유래했다. 야누스는 과거와 미래를 바라보기 때문에 두 얼굴을 하고 있는 것으로 알려져 있다. 우리 시대도 어쩌면 야누스처럼 두 얼굴을 지녔는지 모르겠다.

최근 들어 신문을 보면, 물가상승률을 들어 디플레이션 압력이 높아지고 있다는 보도가 심심찮게 올라온다. 반면에 중앙은행이 이렇게 돈을 풀고 있으니 인플레이션, 아니 어쩌면 하이퍼인플레이션이 올 수도 있지 않느냐는 목소리도 들린다. 실물을 보면 디플레이션의 조짐들이 나타나고 있지만 자산시장을 보면 분명 인플레이션의 압력이 있다.

우리는 전반적인 물가와 이자율 측면에서는 인플레이션이 안정화된 시대에 살고 있다. 하지만 앞서 살펴보았듯이 이러한 안정은 비교적 최근의 일이다. 두 차례의 세계대전과 불태환 선언 등 높은 인플레이션이 발생한 기간을 지나왔고, 1981년 폴 볼커의 초고금리 정책 이후에 약간의 변동은 있었지만 인플레이션과 금리가 전반적으로 떨어지는 추세를 나타낸 후 지금의 상황에 이르고 있다.

1981년 이후 2000년대 중반까지는 금리가 아주 높은 수준에서 서서히 떨어지는 가운데 경기도 좋은 편이었는데, 앞서 언급했듯이 이 기간 동안에는 이례적으로 주식과 채권이 동반 강세를 나타냈다. 원래 두 자산은 역의 상관관계를 가지는 것으로 알려져 있다.

'디플레이션 압력 속의 자산 인플레이션!' 지금의 상황을 요약하면 이렇다. 디플레이션을 막기 위해 중앙은행이 나서고 있지만 힘겨운 싸움이 되고 있다. 중앙은행의 자산이 급격히 늘어나고 있다는 것이 그 첫 번째 증거다. 자산을 이렇게 늘리는 데도 경제 전체로 보면 인플레이션이 미약하다. 은행들이 초과지급준비금을 늘리고 있다는 것은 디플레이션과의 전쟁이 쉽지 않다는 또다른 증거다. 초과지급준비금은 은행들이 지급준비금을 초과하는 금액을 다시 중앙은행에 예치하는 것을 말한다. 그만큼 대출이 많이 늘어나지 않는다는 것을 의미한다.

디플레이션의 압력을 생각하면 인플레이션이 필요하다는 생각이 든다. 하지만 경기와 소비의 측면을 고려하면 그 인플레이션이 과도해서도 안 되고, 쌓여있는 부채를 생각하면 일정기간 디플레이션을 감내하고서라도 금리를 올리고 부채의 구조조정을 해야 한다. 그만큼 정책을 자유롭게 펼칠 수 있는 운신의 폭이 좁은 상황이고, 경제의 기본 체력이 고갈된 상황인 것으로 판단된다.

2008년 기준금리를 0%까지 낮춘 이후 미국은 상당히 오랜 기간 제로금리를 유지해야 했다. 2015년 말 오랜 침묵을 깨고 한 차례 기준금리를 올린 이후 2017년부터는 Fed가 금리를 연이어

올리기 시작했다. 이때 본격적인 경기 확장과 인플레이션이 함께 나타나지 않을까 하는 기대감이 높았다. 하지만 불과 2.5%까지 밖에 금리를 올리지 못한 상황에서 경기둔화의 우려에 봉착하자 Fed는 2019년 8월에 다시 금리를 내리게 된다.

〈그림 3-3〉은 우리나라의 콜금리에 해당하는 미국의 대표적인 단기금리인 연방기금금리의 추이를 나타낸다. 전반적인 수치가 기준금리와 연관성이 높다. 이 그래프를 보면 예전의 금리인상기에 비해 이번 금리인상의 금리고점이 상당히 낮은 것을 볼 수 있다. 금리를 많이 못 올린다는 것은, 경기가 버텨주지 못한다는 뜻이며, 향후 경기둔화시에 중앙은행이 쓸 정책적인 여력이 부족할 수 있다는 점을 의미한다.

실물을 보면 디플레이션이기 때문에 부채를 조심해야 하고, 현금을 잘 지켜야 한다는 생각이 든다. 왜냐하면 위기 때 부채는 지옥이고 현금은 천국이기 때문이다. 그러나 아파트를 중심으로 한 자산시장을 보면 인플레이션의 조짐이 강하기 때문에 돈을 빌려서 투자해야 할 것 같고, 현금을 들고 있으면 휴지조각이 될 것 같은 생각마저 든다.

시대의 양면성 속에서 우리의 투자가 방황하고 있다. 시장에 순응하며 어느 정도 투자를 따라가야 한다는 점을 부정하기 힘들다. 하지만 실물과 자산시장의 괴리가 영원할 수 없기에 경계감을 높이지 않을 수 없다. 지나치게 '확산'되면 '수렴'으로 돌아서기 마련이다.

〈그림 3-2〉 최근 10년 간 미국 기준금리(upper limit) 추이(2011~2020년)

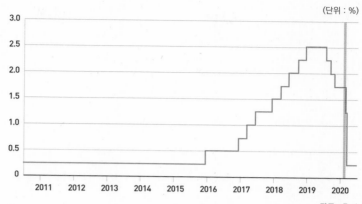

자료 : Fed
음영 구간은 경기침체(recession) 시기를 의미함.

〈그림 3-3〉 1954년 이후 미국의 연방기금금리 추이

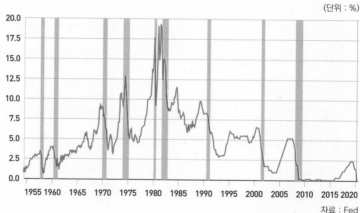

자료 : Fed
음영 구간은 경기침체(recession) 시기를 의미함.

자본주의의 양면성과 역설

돈이 많으면 경제가 잘 돌아간다는 것은 상식이다. 하지만 지나치게 많으면? 앞서 그 부정적인 면들을 살펴보았다. 돈의 양면성이고, 돈의 역설이다. 아무리 좋은 것도 지나치게 많으면 부정적으로 바뀌게 된다.

돈만 그럴까? 인플레이션은 어떤가? 적당한 인플레이션은 좋지만 지나치면 소비 부진과 경기둔화로 연결된다. 또한 인플레이션은 건강한 저축정신과 절약정신을 해치고, 자칫 빚 권하는 사회를 만드는 부정적인 면이 있다.

또한 자본주의의 엔진과도 같은 혁신과 생산성은 어떠한가? 기계와 자동화의 혁신으로 생산성이 늘었다고 하자. 기업은 비용을 절감하고 더 많은 생산을 해 제품을 더 싸게 공급할 수 있게 되었다. 그러나 그만큼 누군가의 수익과 노동자의 일자리는 위협받게 된다. 또한 혁신하는 기업은 이익을 독차지하게 되므로 필연적으로 부의 쏠림 내지는 독과점이 심화될 수 있는 여지가 생긴다. 이것이 흔히 말하는 승자독식이다Winner takes all. 경쟁과 혁신을 통한 효율성 증대는 자본주의의 엔진이지만, 필연적으로 부의 격차를 심화시킨다.

자본주의는 이처럼 양면적이고 역설적이다. 지금까지 살펴보지 않은 또 다른 변수들의 부정적인 면들만 한번 정리해보자. 저축? 소비가 줄어들어 경기둔화로 연결될 수 있다. 신용창출? 누군가의 부채와 파산 가능성이 증가하고 있다. 경쟁을 통한 효율성의 달성? 누군가는 패배하고 독과점은 더욱 심해진다. 금융 자율의 증대? 지나치게 부동산을 중심으로 많은 부채를 양산한 면이 있다.

심지어 기축통화인 달러에도 양면성과 역설이 있다. 달러를 세계에 유통하기 위해서는 미국의 무역은 항상 적자여야 한다. 그렇지 않으면 해외에 달러 공급이 되지 않아 달러 부족이 생겨나게 된다. 그러나 미국의 무역 적자가 계속되면 미국경제에 대한 잠재적 위협 요소가 될 수 있는 한편, 달러의 신용도도 하락할 수 있다. 흔히 트리핀의 딜레마Triffin's dilemma라고 부르는 현상이다.

우리의 삶이 협업적 측면과 경쟁적 측면의 양면으로 이루어졌기 때문일까? 어쩌면 자본주의만의 문제가 아니라 우리 삶의 많은 것이 이처럼 양면적일지도 모르겠다. 그런데 우리는 직선적인 사고를 좋아한다. 생산성은 높을수록 좋다, 돈은 많을수록 좋다, 가격은 낮을수록 좋다 등등. 그러나 계속 좋기만 하면 한쪽으로 끝없이 가게 된다. 돌아올 수 없다.

한 나라의 환율이 강해진다고 해서 돈이 계속 유입되기만 하면 어떨까? 결국 환율의 지나친 강세로 수출 기업이 큰 타격을 입게 된다. 가격이 낮아지면 수요는 계속 느는 것일까? 하지만 가격이 지나치게 낮아지면 품질이 의심받고 오히려 수요가 줄어들 수 있다.

우리는 자본주의의 양면성과 역설을 잘 이해할 필요가 있다. '좋은 것도 지나치면 독이 된다'는 지극히 상식적인 이치는 투자의 안정성을 높이는 데도 분명 도움이 될 것이다. 『부자의 운』의 저자이자 일본의 개인 납세 1위인 사이토 히토리^{斎藤一人}의 다음 말을 잘 음미해보자.

"세상살이는 복어요리와 같다. 복어는 맛있는 생선이지만 독을 가지고 있다. 즉 좋은 일이 생기면 반드시 나쁜 일도 따라서 들어오기 마련이다."[32]

저금리는 경기둔화와 자본과잉의 결과

구조적 장기침체 가능성과 저금리 문제

1945년 이후의 자본주의와 과도한 부채의 이슈

돈에 대한 새로운 사고와 투자

생각해보기 : r 〉 g는 영원히 계속될 수 있을까?

4장

저금리 시대와 자본의 과잉

모든 것은 많아지면 가치가 떨어집니다. 귀한 것, 희소한 것이 가치가 높습니다. 2차 세계대전이 끝나고 자본주의가 새출발하던 시점에는 돈이 많지 않았습니다. 하지만 그 이후 경제의 발전과 화폐의 불태환, 중앙은행의 유동성 창출 등이 겹쳐지며 이제 세상에 돈이 넘쳐나고 있습니다. 반면 세계경제의 구조적 저성장 가능성이 높아지며 돈에 대한 수요는 줄어들고 있습니다. 공급은 과잉인데 수요는 감소하니 돈의 가치가 점점 떨어지고 있습니다. 그 결과가 바로 전 세계적인 저금리 현상입니다.

이와 같은 저금리 속에 여러 문제점이 발생하고 있습니다. 이자로 생활하던 은퇴생활자의 생활기반이 무너지고 있으며, 수익이 주로 금리에 의존적인 은행과 보험회사의 파산 가능성이 높아지고 있습니다. 또한 경제주체들의 저축성향이 감소하고, 자산시장의 버블 압력이 높아졌습니다. 이처럼 다양한 저금리의 문제점들이 나타나고 있음에도 각국의 중앙은행들은 더욱 금리를 낮추고 있습니다. 그것은 실물경기둔화가 심화되고 화폐의 유통속도가 떨어져 디플레이션 압력이 높아졌기 때문입니다.

중앙은행들은 자산시장의 인플레이션보다 실물경제의 디플레이션을 오히려 두려워하고 있습니다. 게다가 2008년 금융위기나 코로나19처럼 위기가 발생했을 경우 중앙은행이 구원투수로서 역할하지 않을 수 없기 때문입니다. 최근 중앙은행은 정부의 국채를 직접 인수하는 '재정의 화폐화' 정책마저도 사용하고 있습니다. 그래서 1945년 이후의 자본주의는 성장률도 좋고 경제가 성장하는 만큼 돈이 늘어났던 '자본주의의 황금기', 이어 경제의 성장률보다 돈이 더 많이 늘어났던 '경제의 금융화' 시기를 지나 중앙은행의 직접적인 신용창출에 경제가 크게 의존하는 '재정의 화폐화' 시기에 진입했다고 평가할 수 있습니다.

경기는 둔화되는데 경제주체들의 부채는 이미 너무 많습니다. 저금리이긴 하지만 그것이 실제 위험을 잘 반영하지도 못합니다. 금리가 조금만 올라가도 이자 납입조차 힘들어질 경제주체도 많습니다. 그래서 지금의 저금리는 너무 익숙해서 위험이 저평가되어 있지만 한번 나타나면 큰 파급효과를 나타낼 '회색코뿔소'와 같습니다. 이제 우리는 '돈이 많으면 많을수록 좋다'라는 '직선적 사고'가 아니라 '돈도 적당히 많아야 한다'는 '반원적 사고'로 전환할 필요가 있습니다. 경제의 리스크, 투자의 리스크도 함께 높아진 시점입니다. 우리의 자본주의는 앞으로 어떻게 흘러갈까요? 또 우리는 무엇을 해야 할까요? 이번 장에서 함께 고민해봅시다.

저금리는 경기둔화와
자본과잉의 결과

2차 세계대전을 겪었던 나라들의 경우, 이들의 자본주의는 폐
허에서 시작했다고 해도 과언이 아니다. 한국전쟁을 겪은 한국도
마찬가지다. 한국은 기술도, 자본도, 아무것도 없었다. 이때는 돈
이 아주 귀했다. 저축한 돈이 없어 자본축적이 되지 않았고, 투자
하고 싶어도 돈을 구하기 힘들었다. 당연히 돈에 대한 수요는 많
았고 공급은 적었으므로 돈에 대한 시간 가치, 즉 이자율도 높
았다. 〈그림 4-1〉을 보면 1960년대의 경우 본격적인 경제개발과
함께 인플레이션 압력까지 겹쳐져 시장금리가 한때 25%를 상회
하기도 했다.

하지만 지금은 어떠한가. 꾸준한 경제성장과 누적된 저축으로
자본축적이 상당히 이루어졌다. M2 기준으로 한국에는 이제
GDP의 1.5배가 넘는 3천조원 이상의 돈이 있다. 그런데 그 돈이
갈 곳이 없다.

설비투자는 매년 마이너스 성장을 나타내고 있다. 한국은 수출

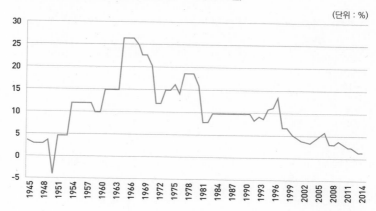

〈그림 4-1〉 한국의 정기예금금리(명목, 1945~2014년)

(단위 : %)

자료 : 한국은행
1945~1949년은 6개월 이상의 정기예금금리, 1950~1955년은 1년 이상의 정기예금금리,
1996년 이후는 가중평균 예금금리(저축성수신)을 사용.

중심의 소규모 개방경제로서 글로벌 실물 경기 상황의 바로미터와 같다고 알려져 있다. 〈표 4-1〉에서 보듯 소비와 투자가 줄어드는 가운데, 증가한 정부소비가 부족한 유효수요를 메꾸어 성장률 하락을 방어하는 모양새다. 돈의 공급은 많은데 수요는 없는 상황, 경기 부양을 위한 중앙은행들의 금리인하 등이 맞물려 〈그림 4-2〉에서 보듯 시장금리는 계속해서 하락하는 추세를 나타내고 있다. 그 결과 경기는 부진한데 시중의 유동성은 넘쳐나는 역설적인 현상이 벌어지고 있는 것이다.

이와 같은 트렌드는 전 세계가 비슷하다. 돈이 너무 많아져 그 가치가 떨어지고 있다. 그래서 금리가 추세적으로 하락하고 있다. 돈의 공급보다 수요가 부족하다.

(전기 대비, 단위 : %)

	2017	2018	2019					2020
			연간	1분기	2분기	3분기	4분기	1분기
실질 GDP	3.2	2.9	2.0	−0.3	1.0	0.4	1.3	−1.3
				(1.8)	(2.1)	(2.0)	(2.3)	(1.4)
(민간 소비)	2.8	3.2	1.7	0.1	0.7	0.4	0.7	−6.5
				(1.4)	(1.8)	(1.6)	(1.9)	(−4.8)
(정부 소비)	3.9	5.3	6.6	1.1	1.7	1.7	1.8	1.4
				(5.9)	(7.2)	(6.9)	(6.5)	(6.8)
(설비 투자)	16.5	−2.3	−7.5	−8.5	2.6	1.7	2.6	0.2
				(−17.4)	(−7.0)	(−2.3)	(−2.0)	(7.3)
(건설 투자)	7.3	−4.6	−2.5	−0.7	2.9	−6.4	8.0	0.5
				(−8.1)	(−3.0)	(−2.7)	(2.6)	(4.2)
(상품 수출)	4.4	3.3	0.5	−3.7	1.1	5.2	1.0	−1.0
				(−0.9)	(−0.5)	(−0.1)	(3.4)	(6.3)
(상품 수입)	8.8	2.0	−0.8	−4.0	3.1	1.6	0.7	−2.3
				(−5.7)	(−0.6)	(2.2)	(1.3)	(3.1)

자료 : 한국은행
괄호 안은 원계열의 전년동기대비 증감율

또 다른 측면에서 보자면 금리가 이렇게 낮은데도 생산적 투자를 위해서 돈을 빌려가지 않는다. 금리가 낮아진 플러스 효과보다 향후 미래 불확실성이 높아진 마이너스 효과가 더 크다는 이야기다.

자본주의 하강세 혹은 구조적 장기침체를 이야기하는 목소리가 높다. 앞서 잠시 언급했지만 오랜 제로금리 이후 Fed가 금리 인상을 본격화한 2017년, 한국의 증권가에는 본격적인 경기 상승, 인플레이션 그리고 그레이트 로테이션 Great Rotation, 인플레이션 압

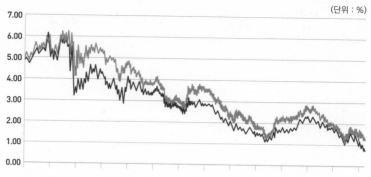

〈그림 4-2〉 한국 국고채 금리 추이(2007.1~2020.5)

(단위 : %)

2007 2008 2009 2010 2011 2012 2013 2014 2015 2016 2017 2018 2019 2020
01-02 01-02 01-02 01-02 01-02 01-02 01-02 01-02 01-02 01-02 01-02 01-02 01-02 01-02

―― 국고채(3년)　　―― 국고채(10년)

자료 : 금융투자협회, 한국은행

력이 높아지면서 경기가 개선되므로 투자된 많은 돈이 채권시장에서 주식시장으로 옮겨올 것이라는 의견

등이 일어날 것으로 예상하는 긍정적인 목소리가 많았다. 하지만 당시 에셋디자인투자자문에서는 과거와 같은 경기 개선의 사이클은 힘들 것으로 예상했고, 2018년 주식시장을 보수적으로 봐야 한다고 전망했다. 다음 내용은 2018년 1월에 보냈던 고객 레터의 일부이다.

"2018년 주식시장에 대해 여러 금융기관들에서 낙관적인 전망을 내놓고 있습니다. 글로벌 경기가 점진적인 회복의 조짐을 보이고 있고, 인플레이션도 낮게 나타나고 있어 일견 국제 금융시장에 큰 이슈가 없어 보이는 것도 사실입니다.

하지만 2008년 금융위기 이후 글로벌 경기를 살리기 위해 들인 노력들이 자칫 더 큰 후폭풍으로 되돌아올 수 있는 환경이 만들어지고 있어 내년부터는 투자에 있어 더욱 조심하지 않으면 안 된다고 당사는 생각하고 있습니다. 작은 경기회복을 위해 그보다 훨씬 더 큰 규모로 부채와 신용을 증가시켜 왔는데, 2018년을 기점으로 양적완화에서 긴축으로, 저금리에서 금리인상의 시기로 중심축이 이동하기 때문입니다.

많은 사람들이 글로벌 경기회복을 말합니다. 하지만 지금의 회복은 임금 상승과 수요 증가가 없는 경제성장이고, 민간기업의 투자 없는 회복이기 때문에 과거와 같은 경기회복의 사이클이 나타나기 힘들다고 저희는 생각하고 있습니다. 민간의 소비 여력이 훼손되기 때문에 빠른 인플레이션이 나타나면 이겨내지 못할 것이고, 또한 인플레이션을 잡기 위해 금리를 빠르게 인상해도 부채규모가 너무 커서 지금의 경제는 이를 감당할 수 없을 가능성이 높습니다. 게다가 정부와 중앙은행은 이미 쓸 수 있는 정책적인 카드를 다 사용한 상황이기 때문에 여기서 문제가 생길 경우 이들이 대처할 수 있는 여력이 제한적입니다.

이런 상황에서 미국 중앙은행은 지금까지 늘려왔던 자산의 축소를 결정했고, 기준금리를 계속해서 올리고 있습니다. 유럽 중앙은행도 채권 매입 규모 축소를 발표하고 있습니다. 양적완화의 되돌림이 금융시장에 어떤 영향을 미칠지, 미국이 여기서 금리를 3번 정도 더 올렸을 때 부채로 쌓아올린 중국의 부동산시장이 버텨낼 수 있을지 등을 근본에서 고민해야 하는 시점으로 저희는 생각하고 있습니다. 또한 최근 가파른 원화 강세가 수출 중심의 개방경제 구조를 가진 우리나라에게는 부담으로 작용하고 있습니다. 그래서 저희는 2018년에도 투자는 하되 더욱 제한적으로 해야 하며 리스크 관리를 강화해야 한다고 생각하고 있습니다."

운이 좋아 시장의 방향성은 맞추긴 했다. 하지만 지금 생각해 보면 당시의 생각에 몇 가지 아쉬운 점이 있다.

첫째, 미국 금리인상 사이클의 본격화는 글로벌 경기 대비 미국 경기의 상대적 호조를 의미하는 것이므로 한국시장은 2018년 상당히 부진할 수 있어도 미국시장은 상대적으로 선방할 가능성이다. 실제로 미국시장은 2018년 부진했으나 한국시장보다는 좋았다 KOSPI 지수가 약 17% 하락할 때 S&P500 지수는 약 7% 하락. 또한 2019년에 미국시장은 한국시장보다 훨씬 강세장을 나타냈다 S&P500 지수가 약 29% 상승할 때 KOSPI 지수는 약 8% 상승.

둘째, 정부와 중앙은행이 향후 위기가 닥쳐서 쓸 수 있는 카드가 제한적이라고 생각했던 것은 다소 순진한 생각이었다. 이번 코로나19 위기에서도 보여주었지만, 상황이 급박하고 명분이 확실한 경우 정부와 Fed는 자신의 힘이 어떠한지 제대로 보여주고 있다. "중앙은행과 맞서지 말라"는 투자의 세계에서 오래된 격언이다.

구조적 장기침체 가능성과
저금리 문제

다시 전 세계의 저금리와 구조적 장기침체 가능성의 문제로 돌아와보자. 자본은 많은데 돈에 대한 수요가 그에 비해 부족하다는 것이 기본적인 문제다. 그래서 금리가 떨어진다. 경기를 부양하기 위해 중앙은행이 의도적으로 금리를 최저 수준으로 떨어뜨려도 생산적인 투자를 위해 돈을 대출해가지 않는 것이다.

미래에 대한 불확실성 속에서 '위험 대비 수익'이 괜찮은 전망 좋은 투자처를 찾지 못하기 때문일 수도 있고, 사업의 기반이 오프라인에서 온라인으로 넘어가면서 예전과 같이 대규모의 투자비가 필요하지 않을 수도 있다. 4차 산업혁명이다, 녹색혁명이다 해서 통신, 자율주행, 전기차와 수소경제 등 새로운 콘셉트가 대두되고 있지만, 실제 투자액은 전체 경제를 이끌고 나갈 동력이 되기에는 여전히 부족한 듯 싶다.

하노 벡^{Hanno Beck}도 그의 저서 『인플레이션』에서 저금리의 배경에 대해 전 Fed 의장인 버냉키 외 전문가들의 의견을 인용해 '글로벌 저축 과잉^{Global Savings Glut}'과 '구조적 장기침체^{Secular Stagnation}' 가능성을 언급한 적이 있다.[33]

세계경제의 구조적 장기침체 가능성과 관련해 한 가지 꼭 짚고 넘어가야 할 것이 있다. 바로 화폐유통속도가 하락하고 있는 현상이다. 'MV=PY'라고 하는 항등식이 있다. 항등식은 항상 성

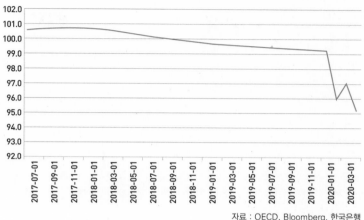

〈그림 4-3〉 OECD 경기선행지수

자료 : OECD, Bloomberg, 한국은행

립한다는 뜻이다. 하나의 국가를 대상으로 할 때 M은 통화량, V
는 통화량의 유통속도, P는 물가수준, Y는 국민총생산을 나타
낸다. 전통적 통화론자들은 위 항등식과 관련해 화폐유통속도가
일정하다고 잘못 가정했지만, 사실 그 속도는 변할 수 있고 최근
에는 계속해서 떨어지는 추세다.

　화폐유통속도가 떨어진다는 것은 돈이 잘 돌지 않는다는 뜻
이다. 투자와 소비가 줄었다는 뜻이고, 거래가 활발하지 않다는
뜻이다. 고령화로 돈이 거래의 목적보다는 저축 등 가치 저장의
수단이 되고 있다는 뜻이기도 하다. 아데어 터너는 대부분의 돈
이 신규 투자보다는 기존 자산 구입에 사용되는 현상도 화폐유
통속도 하락에 크게 기여하고 있다고 지적하고 있다.[34]

　'MV=PY'라는 식을 직관적으로 생각해보자. 화폐유통속도

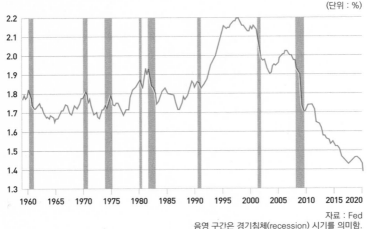

(단위 : %)

자료 : Fed
음영 구간은 경기침체(recession) 시기를 의미함.

V가 하락할 때, M이 그대로 있다면 P나 Y가 하락해야 한다. 기본적으로 저성장 혹은 디플레이션 압력이 있는 것이다. 그래서 지금은 경제성장도 미약하고, 인플레이션 압력도 높지 않다. 따라서 M을 늘리기 위한 중앙은행의 노력이 불가피하고, 그 노력은 돈을 찍어내는 방식으로 나타난다. 이처럼 우리가 앞서 논의한 돈의 총량의 개념에 화폐유통속도를 추가해 MV를 기준으로 생각해보면, 현재 벌어지고 있는 경제적 현상과 정책에 대해 이해의 폭을 넓힐 수 있다.

〈그림 4-4〉를 보면 미국에서 M2의 유통속도가 어떻게 변해왔는지를 잘 파악할 수 있다. 2000년대 이후 M2의 속도는 추세적으로 하락해왔다.

저금리 환경이 오래 지속되니 이제 다들 저금리에 익숙해지고 있다. 마치 오래전부터 그러했던 것처럼! 그런데 초저금리 내지는 일부 국가에서 나타나고 있는 마이너스 금리는 생각보다 심각한 문제들을 야기할 수 있다.

첫째, 은퇴자들의 생활기반이 무너지는 현상이다. 낮아진 금리 환경에서는 은퇴자들이 연금으로, 이자로 생활하기에는 충분하지 않다. 저금리에 지친 은퇴자들이 더 높은 수익을 내기 위해 '금리 노마드족族'이 되고 있다는 뉴스가 심심찮게 보도된다.

둘째, 은행과 보험회사의 파산 가능성이 높아지고 있다. 수익의 다변화를 위해 노력해왔지만 은행과 보험회사의 주된 수입원은 여전히 예금과 대출의 마진차이^{예대마진} 혹은 장단기 금리차이에 기반한다. 그런데 초저금리 상황에서는 예대마진과 장단기 금리차이가 극히 축소되어 사업 기반이 흔들리고 있는 것이다.

셋째, 저금리가 지속되면서 저축률이 하락하는 것도 문제다. 2% 이자율도 찾기 힘든 지금, 젊은이들은 더 이상 저축을 하지 않는다. 영국 통계청에 따르면 만 22~29세 영국 젊은이 중에서 저축하는 사람의 비중은 2008년 59%에서 2018년 47%로 줄어들었다고 한다. 근검절약해서 저축하는 정신과 건전한 노동의식까지 사라지고 있지는 않을지 걱정이다. 대신에 '대출을 통한 레버리지 투자로 빨리 부자가 되라'는 논리가 대중화되고 있다. 서점에 가보면 '빨리 부자가 될 수 있다'는 메시지를 담은 재테크 서적들이 인기를 끌고 있다.

넷째, 저금리 속에서 대출이 부동산시장으로만 집중되어 자산 버블이 만들어지고 있다. 민간 은행들은 수익성 극대화를 위해 부동산 대출을 적극 늘렸고, 가계는 이에 호응했다. 아데어 터너에 따르면 선진국에서 은행의 역할은 지난 45년간 급격하게 변화했다. 1928년 부동산대출은 모든 은행대출의 약 30%를 차지했다. 이것이 1970년에는 약간 증가해 35%였다가 2007년에는 60%에 이르렀다.[35] 시장금리가 떨어지니 상대적으로 투자수익률이 높은 부동산은 채권투자와 같은 맥락에서 투자 매력이 높아졌다.

〈그림 4-5〉를 보면 자산시장에 특히 영향을 많이 미치는 장기 채권금리는 주요국에서 대체로 우하향 추세를 나타낸다. 자산 버블은 사회적인 파급 효과를 낳는다. 자산 버블은 채권자에게서 채무자에게로, 가난한 이에게서 부유한 이에게로 부를 이전시킨다. 그와 함께 사회의 정치적 안정성은 떨어진다.

익숙하지만 언제든 큰 위협으로 다가올 수 있는 존재, '회색코뿔소'![36] 그렇다! 저금리는 이제 우리에게 '회색코뿔소'와 같은 존재가 되었는지도 모르겠다. 저금리와 구조적 장기침체의 환경 속에서 생산적인 투자에는 돈이 가지 않고 부동산 등 기존 자산 시장으로만 몰려다니는 돈들은 어쩌면 우리에게 하나의 새로운 위협 요소가 되고 있는 건 아닌지 생각해볼 때다.

일본정부의 부채는 GDP의 220%에 가깝지만, 제로금리에 가까운 채권금리 덕분에 이자 부담이 낮아서 문제가 없는 것처럼 보인다. 하지만 금리가 만약 3% 정도로만 올라가면 어떤 일

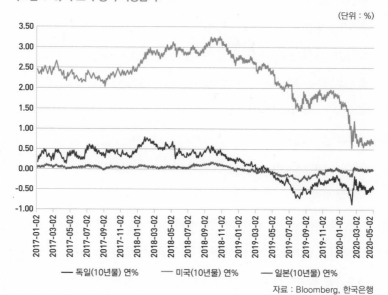

〈그림 4-5〉 주요국 장기 시장금리

(단위 : %)

— 독일(10년물) 연%　　— 미국(10년물) 연%　　— 일본(10년물) 연%

이 생길까? 일본정부의 모든 국채가 3%의 국채로 바뀐 이후에
는 이자가 GDP의 약 6.6%로 증가한다. 일본정부의 재정수입이
GDP의 34% 이상이므로, 재정수입 중에서 20% 가까이를 이자
상환에만 사용해야 하는 상황이 발생한다. 이자율이 5%가 되면?
일본정부는 재정수입의 30% 이상을 이자 상환에 써야 한다.

　국채금리가 이렇게 낮게 형성된 것은 일본만의 일은 아니다.
서구 선진국도 마찬가지의 상황이다. 지난 2020년 5월, 영국에
서는 영국 최초의 마이너스 금리 국채가 발행되어 초미의 관심
을 끌었다. 2023년 만기로 금리는 −0.003%이고, 규모는 37억
5천만파운드였다. 금리가 마이너스라는 것은, 이자를 받는 것이

아니라 보관료 개념의 수수료를 내야 한다는 뜻이다.

어떻게 마이너스 금리 채권이 발행될 수 있는 것일까? 채권의 가격결정 원리를 알면 쉽게 이해할 수 있다. 채권의 경우 표시된 금리보다 시장금리가 떨어지면 채권가격이 올라간다. 영국의 마이너스 채권도 당장은 이자 수익이 전혀 없고 오히려 비용이 나가지만, 시장금리가 더 떨어져 채권가격이 오르면 채권 자체에서는 이익이 날 것이라는 기대감이 반영된 것이다.

부동산은 또 어떠한가? 현재 서울의 주요 강남 아파트는, 월세 등을 기준으로 계산해보면 매매가 대비 투자수익률이 1%대를 형성하고 있다. 즉 10억원의 원금을 투자하면 이자 개념으로는 1%를 받는 것과 유사하다. 베이징 아파트 역시 투자수익률은 1% 미만에서 형성되어 있다는 분석도 있다. 하지만 아무도 월세 수익률에 대해서는 그다지 신경 쓰지 않는다. 앞으로도 부동산가격이 상승할 것이라는 기대감이 있기 때문이다.

경기는 어려워도, 아니 경기가 어렵기에 민간의 부동산 관련 대출은 계속 늘고 있다. 시장 이자율이 떨어진 만큼 이자 부담이 줄고, 부동산투자수익률의 상대적 매력이 높아지기 때문이다. 소득이나 물가 대비는 비싸 보여도 더 비싸게 팔 수 있다는 기대감이 있는 것이다.

부동산투자와 채권투자는 이처럼 유사한 점이 많다. 부동산 임대 수익률이 4%인데 시장금리가 4%에서 2%로 떨어지면, 부동산가격은 영구永久 채권처럼 2배 정도로 높아질 수 있다.

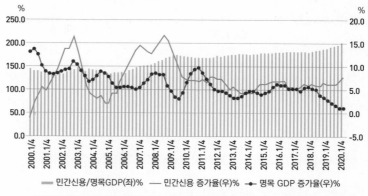

〈그림 4-6〉 명목GDP와 민간신용의 추이

2018년 이후 GDP 증가율은 떨어지는 데 비해 민간신용 증가율은 조금씩 높아지고 있다.

자료 : 한국은행

〈그림 4-7〉 한국 가계신용의 구성(2016~2020년)

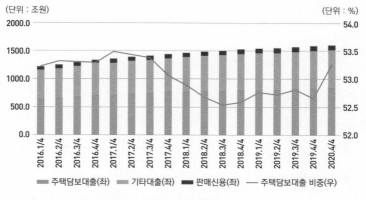

한국 가계신용 구성을 보면, 최근 주택담보대출의 비중이 상승하고 있다.

자료 : 한국은행

그러나 여기서 한 가지 중요한 점을 잊어서는 안 된다. 자본의 과잉, 구조적 장기침체 가능성이 높아지는 가운데 현재의 저금리가 실제로 대출의 위험을 잘 반영하고 있느냐 하는 점이다.

앞서 중앙은행의 양적완화에 대해 논의하며 채권가격의 버블 가능성을 살짝 제기한 적이 있다. 채권가격이 버블이라는 이야기는, 채권이 실제로 담고 있는 위험 대비 금리가 너무 낮게 정해져 있다는 뜻이다. 더 쉽게 말해 위험이 높은 곳에 대출이 너무 낮은 이자율에 실행되어 있다는 뜻이다.

합리적으로 생각해보면 위험이 높을수록 그 위험을 보상하기 위한 수익률채권의 경우 이자율이 높아야 한다. 어쩌면 기본이 어지러워지고 있는 세상이다. 겉으로는 멀쩡해 보여도, 모든 투자에 대한 리스크는 예전보다 조금씩 높아지고 있다.

1945년 이후의 자본주의와
과도한 부채의 이슈

지금까지의 많은 논의는 결국 부채의 문제로 귀결된다. 왜냐하면 돈은 곧 신용이고 대출이고 부채이기 때문이다. 우리 시대는 스스로에 대한 믿음을 키웠고, 그 결과 자본주의를 발전시켜왔으며 물질적 풍요를 이루어왔다. 그런데 이제는 그 믿음이 너무 커져버렸다. 어쩌면 우리 시대는, 그 경제 체력에 비해 너무 많은

<표 4-2> 글로벌 매크로 부채 현황

(단위 : %)

	연도					분기				
	2014	2015	2016	2017	2018	18.4Q	19.1Q	19.2Q	19.3Q	19.4Q
G20 (종합)	220.5	232.0	234.7	245.2	234.3	234.3	239.5	243.1	241.0	244.7
모든 보고된 국가	218.7	230.6	233.3	243.8	232.6	232.6	237.7	241.4	239.1	243.2
선진국	255.7	266.4	265.0	277.3	265.5	265.5	267.5	272.4	271.7	274.5
신흥국	156.2	170.8	179.4	190.3	181.0	181.0	190.6	192.4	187.9	194.2

자료 : 국제결제은행(BIS)
매크로 부채는 경제의 3가지 주체인 정부, 기업, 가계의 부채를 모두 합한 수치를 의미.
모든 보고된 국가수는 44개국.

믿음을 받고 있다고 말할 수 있다. 믿음이 너무 많은 만큼, 이제 그 '믿음의 가치'가 떨어지고 있다.

한국에서 2006년 리메이크된 일본 드라마 〈사랑 따윈 필요 없어, 여름〉에는 호스트바에서 일하는 주인공의 다음과 같은 대사가 나온다. "팔 정도로 많은 사랑에게 건배!" 그는 사랑을 판다. 팔 정도로 사랑이 많지만, 그만큼 가치는 떨어진다. 그래서 그는 이렇게 독백한다. "사랑 따윈 필요 없어."

〈표 4-2〉를 보면 보고된 국가들 전체의 부채비율은 2019년 4분기말 GDP 대비 243.2%에 이르고 있다. 2018년에 잠시 부채비율이 감소했지만, 전반적으로는 부채가 계속해서 늘어가고 있

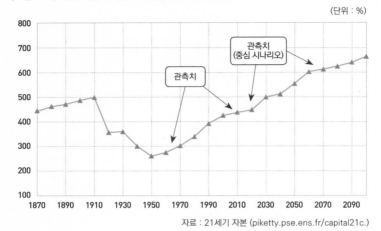

〈그림 4-8〉 세계 자본·수입^{GDP} 비율(1870~2100년)

(단위 : %)

관측치

관측치
(중심 시나리오)

자료 : 21세기 자본 (piketty.pse.ens.fr/capital21c.)

는 모양새다. 243.2%! 한 가계를 비유로 이해하자면, 1년 소득의
약 240%만큼 부채가 있다는 뜻이다.

2017년은 전년도 대비 부채가 많이 늘었는데 주식시장이 좋
았다. 2018년은 부채의 구조조정으로 전년도 대비 부채가 감소
했고, 주식시장이 조정을 받았다. 켄 피셔의 견해대로다. 부채가
늘어날 때 주식시장은 좋고, 부채가 줄어들 때 주식시장은 좋지
않다.

어떤 이들은 순자산 대비 부채를 비교하며 부채가 부담스러
운 수준이 아니라고 주장한다. 그 말은 분명 일리가 있다. 〈그림
4-8〉을 보면, 2013년 글로벌 순자산^{capital, 총자본}은 GDP 대비 약
450%에 이르고 있어 부채비율보다 높은 상황이다. 순자산이 부
채보다 많다.

하지만 이것만으로 안심하기에는 이르다. 부채는 고정액이지만, 순자산은 부동산 등 자산에 연동되어 있어서 가격과 가치가 변할 수 있다. 또한 위기시에 얼마나 잘 현금화할 수 있을지도 문제다. 그리고 일본정부의 사례에서 살펴보았듯이 현재는 저금리 상황이긴 하지만, 향후 시장금리가 올라갔을 때 이자 부담이 높아지는 점도 빼놓을 수 없다.

생각보다 많은 우리의 부가 부동산에 묶여 있다. 피케티의 연구에 따르면 1970년 영국에서 주택가치가 국민소득의 124% 수준이었는데 2010년에는 300%에 이른다. 프랑스에서는 주택가치가 1970년 GDP의 122%에서 2010년에 371%로 증가한다. 미국의 경우는 주택가치가 1970년에 GDP의 151%에서 2010년에는 182%로 증가한다.[37]

미국의 경우 GDP에서 차지하는 주택의 가치가 다른 나라들에 비해 높지 않음에도 2008년 모기지 대출에 문제가 생겼을 때, 경제 시스템 전체가 흔들릴 정도의 금융위기를 야기한 적이 있다. 게다가 당시에 국민소득 대비 국민총자본은 400% 이상으로 부채비율보다 확실히 높은 상황이었다. 순자산이 부채보다 높다고 안심할 수만은 없다.

부채와 GDP의 관계를 중심으로 1945년 이후의 자본주의는 크게 3개의 시기로 나누어 생각해볼 수 있다. '자본주의 황금기' '경제의 금융화' 시기 그리고 이제 막 시작된 '재정의 화폐화 monetization' 시기가 그것이다.

'자본주의 황금기'는 1945년에서 1973년까지로 GDP가 성장하는 만큼 부채가 늘어났던 시기이다. '경제의 금융화'는 1973년 달러의 금본위제 완전 탈피 이후 2008년까지의 시기로서 GDP가 성장했던 것보다 부채가 빨리 늘어났던 기간이다. 2008년 이후의 '재정의 화폐화' 시기는 경제의 구원투수로서 중앙은행이 강하게 등판하는 시기인데, 중앙은행의 발권력으로 정부부채가 중앙은행의 부채로 옮겨지는 시기를 말한다.

'자본주의 전성기'에는 부채가 다시 말해 돈이 효율적으로 사용된 시기이다. 그래서 부채돈가 늘어난 만큼 GDP가 성장했다. '경제의 금융화' 시기는 돈의 효율성이 떨어진 시기이다. 그래서 부채돈가 늘어난 것에 비해서는 경제성장을 이룩하지 못했다. 어쩌면 돈만 너무 빨리 늘어나는 와중에 경제성장이 이를 따라오지 못한 형국일 수도 있다. 토마 피케티는 『21세기 자본』에서 '경제의 금융화' 시기를 이렇게 기술하고 있다.

"1970년대와 1980년대에 세계경제는 광범위하게 '금융화'되었는데 이 현상은 다양한 부문가계, 기업, 정부기관이 소유한 금융자산과 부채의 총액이 순자산보다 빠른 속도로 증가했다는 의미에서 부의 구조를 변화시켰다. 대부분의 국가에서 1970년대 초에 금융자산과 부채의 총액은 국민소득의 4~5배를 넘지 않았다. 2010년대 초에는 이 금액이 특히 미국, 일본, 독일, 프랑스에서 국민소득의 10~15배로 증가했고 영국에서는 20배로 늘어나 단연 사상 최고를 기록했다."[38]

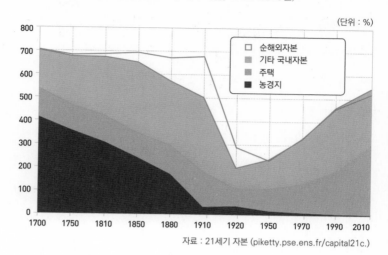

(단위 : %)

자료 : 21세기 자본 (piketty.pse.ens.fr/capital21c.)

1970년대에 금융자산과 부채의 총액이 국민소득의 4~5배였는데, 2010년대 초에는 이 금액이 국민소득의 10~15배로 증가했다는 것은, 다시 말해 국민소득이 증가한 속도보다 금융자산과 부채의 증가속도가 월등히 빨랐다는 이야기다. 그만큼 부채^{債}만 많이 늘고 국민소득^{GDP} 성장은 느려졌다는 뜻이다.

'경제의 금융화' 시기에는 금융자산이 늘어난 만큼 금융산업도 GDP보다 빠르게 성장한다. 아데어 터너에 따르면 1970년에서 2008년 사이 영국의 금융은 국민소득보다 2배나 빨리 성장했고, 성장속도도 시간이 지날수록 가속화되었다고 한다.[39]

'재정의 화폐화' 시기는 2008년 금융위기 이후의 뉴노멀^{New} ^{Normal} 시기를 지칭하며, 한마디로 중앙은행의 '돈찍기'가 중심이 된다. 최근에는 '현대화폐이론MMT, Modern Money Theory'이라는 용어로도 불린다. '경제의 금융화' 시기 동안 경기 부양 등의 목적으로 부채를 빠르게 늘려온 정부들은 이미 부채비율이 너무 높다. 정부도 계속 국채를 찍어내며 할 수 있는 한 적자를 늘려 경기를 방어하겠지만, 이제 그 부담을 중앙은행이 어느 정도 나누어 져야 한다는 것을 의미한다.

전통적으로 재정적자를 메우기 위해 돈을 찍어내는 일은 금기시되어 왔다. 하지만 2008년 은행의 도산, 코로나19로 대량 실업 발생과 같은 이례적 위기 앞에 금기는 무릎을 꿇고 만다. 중앙은행은 최근 돈을 찍어 주로 국채를 매입하는데, 이러한 매입을 통해 정부의 부채는 중앙은행의 부채(동시에 자산)로 바뀌게 된다. 미국, 유럽, 일본의 중앙은행을 중심으로 이러한 '재정의 화폐화'는 이미 상당히 진행되고 있다고 볼 수 있다.

일본의 경우 일본정부 발행 국채를 중앙은행이 직접 인수하는 것을 금지하는 법률이 유지되고 있다. 하지만 금융기관이 입찰에 참여한 직후, 이를 곧바로 BOJ에 프리미엄을 얹혀 파는 형태를 취하고 있어 BOJ가 직접 국채를 사는 것과 효과는 동일하다.[40] Fed의 자산 규모가 빠르게 늘고 있다고 하지만, GDP 대비해서는 아직 30% 수준으로 그 비중이 낮고 정부의 국채와는 달리 Fed의 발권에는 이자가 붙지 않는다는 장점이 있다.

증가하는 정부부채, 그리고 '재정의 화폐화'로 2008년 금융위기 이후, 글로벌 부채의 구조조정은 전혀 이루어지지 못했다.

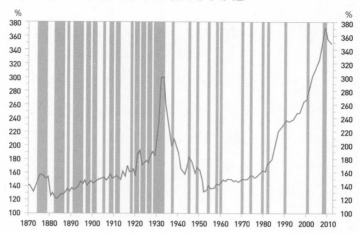

자료 : Bureau of Economic Analysis, Fed, Census Bureau
음영 구간은 경기침체(recession) 시기를 의미함.

2008년 이후 2016년까지 글로벌 총부채비율은 오히려 38%가 증가했고, 이후에도 부채는 오히려 계속해서 늘고 있다.

2020년엔 예상치 못한 코로나 이슈로 그 부채는 더욱 빠르게 늘고 있다. 미국정부는 2020년에 약 20% 정도 재정적자가 증가할 전망이다. 정부들에게 과연 부채를 갚고자 하는 의지가 있을까? 혹시 부채의 문제를 새로운 부채로 해결하고 있는 것은 아닐까? 부채를 늘릴수록 부채의 부담이 줄어들고, 부채를 갚을수록 부채의 부담이 늘어나지 않던가? 우리는 혹시 부채의 늪에 빠진 것은 아닐까?

미국의 경우 민간의 부채는 일부 감소했으나 그것이 정부와 중앙은행 등 공공의 부채로 바뀌었을 뿐이다. 구조조정 없는 자본주의는 겨울 없는 사계절과 같다. 우리는 언제까지 확장을 계속할 수 있을까?

프린스턴 경제연구소의 전 대표인 마틴 암스트롱Martin Arthur Armstrong은 부채를 물려주는 것은, 젊은이의 부를 연장자가 빼앗는 것이라 말한다. 또한 그는 지금 정부는 갚을 마음 없이 돈을 빌리고 있는 1860년대와 같은 상황이며, 이자를 갚기 위해 돈을 찍어내야 하는 단계로 평가한다.

이는 경제학자 하이먼 민스크Hyman Minsky가 말한 금융의 3단계, 즉 폰지Ponzi 금융의 단계에 해당한다. 폰지 금융은 원금은 고사하고 이자도 갚지 못하는 상황을 의미한다.

마틴 암스트롱은 우리 앞에 놓인 선택지는 3가지라고 한다. 그것은 디폴트Default, 인플레이션, 구조조정이다. 만약 구조조정을 하지 않으면 우리 문명의 미래는 없다고 그는 경고한다. 그러나 최근 정부와 중앙은행은 점점 인플레이션 쪽으로 기울고 있는 모양새다. 지금 시대는 어쩌면, 아니 분명히 부채의 늪에 빠진 것으로 보여진다.

앞서 살펴보았듯이 부채를 늘리면 부채의 부담이 줄어들고, 부채를 갚으면 부채의 부담이 오히려 늘어나는데 누가 적극적으로 부채를 갚고자 할 것인가. 게다가 부채를 갚아나가는 그 시기 동안에는 경기침체의 뼈아픈 고통을 감내해야 한다. 미래를 위해서 현재의 정치적 생명력을 걸고 부채의 구조조정을 소신껏 진행해 나갈 수 있는 정치인은 많지 않다.

더욱이 지금의 중앙은행은 당장의 실물 디플레이션 압력과 싸우기 위해 끊임없이 금리를 낮추고 유동성을 확대하는 방식의 정책을 사용하고 있다. 과연 우리 문명은 부채의 늪에서 헤어날 수 있을까?

돈에 대한 새로운 사고와 투자

부채. 다른 말로 신용, 믿음 그리고 돈. 믿음과 돈이 무조건 많으면 좋다고 하는 것은 직선적 사고에 불과하다. 이제는 많아서 마냥 좋기만 한 시절은 지나갔다. 변곡점이 지난 것이다. 우리는 이제 부채가 가져오는 외부불경제external diseconomies 내지는 잠재적 위험 요인도 함께 고려해야 한다.

부채의 위험성은 크게 3가지다. 첫째로 금융위기 등 경제 시스템의 불안정성을 높일 수 있고, 둘째로 자산시장으로의 쏠림으로 비용 상승과 빈부격차 등 사회적 갈등을 야기할 수 있으며, 셋째로 일본처럼 부채로 인한 자산시장의 버블은 장기 침체의 원인이 되기도 한다.

2008년 금융위기는 부동산에 대한 부채가 문제의 시발점이 되었다. 카르멘 라인하트Carmen Reinhardt와 케네스 로고프Kenneth Rogoff의 책 『이번에는 다르다This Time is Different』에는 1945~1970년 2차

〈그림 4-11〉 반원적 사고 vs. 직선적 사고

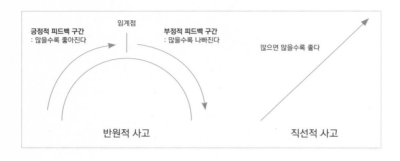

레, 1970~1980년 9차례에 비해 1980~2010년 153차례나 일어
난 은행위기를 설명하고 있다.[41] 부채가 많아지고 은행 위기도
많아진 것이다.

장기불황에 빠졌던 일본의 회복이 지연되었던 이유는 '대차대
조표 불황balance sheet recession'에 빠졌기 때문이라는 분석이 있다.
'대차대조표 불황'은 경제학자 리처드 쿠Richard C. Koo가 명명한 이
름이다. 자산가격의 하락 국면에서 순자산은 줄어들지만 부채는
그대로 있기 때문에 기업과 가계가 부채의 변제를 우선시해, 정
부가 어떠한 경기 부양책을 내놓아도 소비나 투자로 연결되지
못하고 불황이 계속되는 현상을 말한다.

이제 우리는 돈에 대한 사고를 새롭게 할 필요가 있다. 돈부채
와 신용을 '직선적 사고'가 아니라 '반원적 사고'로 이해할 필요가
있다. 다다익선多多益善이 아니라 임계점을 지나면 오히려 좋지 않
을 수 있다는 뜻이다. 아데어 터너는 이렇게 말했다.

"2008년 금융위기 전 이론은 금융심화와 경제성과 간에 긍정적이고 선형적인 관계가 무한히 지속된다고 가정했지만, 우리는 '역 U자형 inverted U' 관계를 받아들여야 한다. 즉 일정 범위까지는 민간 부채 증가가 성장에 긍정적일 수 있으나, 전환점을 지나서는 부정적으로 되는 것이다."[42]

세상은 원래 선형적이지 않다. 세상은 원이고, 우리의 사고가 직선이다. 물건 값이 싸면 좋아한다. 그러나 너무 싸면 품질과 위생이 의심된다. 한 나라의 금리를 높이면 해외의 돈이 그 나라로 몰려와서 환율이 낮아진다해당 통화 강세. 그러나 금리가 더 높아지면? 디폴트파산 가능성 등 다른 위험이 숨어 있을 것이 염려되어 오히려 들어오는 돈의 양이 줄어들 것이다. 돈, 믿음, 부채도 세상 이치와 마찬가지로 원 내지는 사이클의 관점에서 생각해봐야 한다.

자꾸 늘어나기만 하는 부채와 돈에 대해, 그리고 저금리 현상에 대해 우리는 경계감을 조금씩 키워갈 필요가 있다. 하지만 그렇다고 지나친 비관론에 빠질 필요는 없다. 우리가 스스로를 믿고 있는 한에서는 큰 위기가 발생하지 않는다.

이번 코로나19 사태에서 보았듯이 우리 스스로가 부여한 믿음과 권한의 테두리 안에서 정부와 중앙은행들은 자신의 일을 해나갈 것이다. 우리 스스로 직접 문제 삼기 전에는, 그 어떠한 것도 문제가 되지 않는다. 이것은 믿음의 문제이기 때문이다. 그러나 그 믿음이 결코 100% 합리적이라는 뜻은 아니다. 믿음은 원래 합리적이지 않다.

저성장·저금리가 고착화되고 있기에 투자를 그만둘 수는 없다. 다만 투자를 둘러싼 시스템 리스크가 높아졌다는 점을 염두에 두고, 보다 현명한 투자를 하기 위해 노력해야 한다.

첫째, 코로나19 이후의 시장 대응이다. 수요부진, 기업이익 둔화 등에도 불구하고 정부와 중앙은행의 적극적인 돈 풀기로 시장이 과도하게 상승한 면이 있는 만큼, 코로나19가 잠잠해진 후에는 오히려 주식시장이 한번 크게 조정을 받을 수 있는 가능성을 열어두어야 한다. 위기 이후 줄어들 가능성이 높은 정부와 중앙은행의 유동성만큼, 경기회복을 통해 이 부분이 메꿔지지 않으면 주가 수준은 유지되기 어렵다. 주가는 단기적으로는 이익보다는 돈의 양에 더 크게 좌우된다.

둘째, 과도한 부채로 인해 주식시장의 변동성이 높아질 가능성에 대한 대응이다. 시장은 예측의 영역이 아니라 대응의 영역이라고 했다. 그만큼 시장에 대한 예측은 어렵다. 현금 비중을 높였다가 시장이 조정될 때 투자비중을 늘리고, 시장이 과열될 때 투자비중을 낮추는 식의 보다 적극적인 투자전략이 필요하다.

셋째, 투자의 기대수익률을 다소 낮추고 내가 잘 모르는 투자 대상에 대해서는 더욱 조심해야 하는 시기이다. 저성장·저금리에 대한 리스크가 높아졌으므로, 기본적으로 과거와 비슷한 위험 수준이라면 예전과 같은 높은 수익률을 기대할 수 없다고 생각해야 한다. 그럼에도 고금리 시대의 추억에 젖어 있는 은퇴자들이 과거 같은 고수익을 추구하다가 투자에서 큰 낭패를 보는 사건이 줄을 잇고 있다. 운용사나 판매사에게도 분명 책임은 있겠으나, 실질적인 '고위험 상품'을 스스로 '중위험 중수익' 상품으로 오인하는 투자자의 순진한 판단이 어쩌면 더 큰 문제일 수 있다. 95%까지 원금손실 가능성이 제기된 파생결합상품^{DLS}과 환금성이 떨어지는 상품에 투자한 사모펀드의 환매중단 사건은 대표적인 케이스다.

넷째, 채권시장의 조정 가능성, 신용화폐 시스템에 대한 신뢰 하락 가능성 등 극단적인 문제 발생도 염두에 두고 대응해 나가야 한다. 2019년 레이 달리오는 향후 고평가된 채권시장에 투자된 돈이 이탈하면, 그 돈이 금으로 갈 가능성이 높다면서 금 투자의 비중을 높일 것을 제안했다. 영화 〈월스트리트의 예언자 The Forecaster, 2014〉에서 마틴 암스트롱은 달러와 금에 대한 투자를 언급한다. 제임스 리카즈^{James Rickards}는 '야만스런 유물'이라는 편견에도 불구하고 인플레이션과 디플레이션 모두에 대한 보험으로 금에 대해 약 10% 정도의 투자비중을 유지할 것을 권유하고 있다.

앙드레 코스톨라니도 특정 화폐의 질은 해당 국가의 재정상태와 경제성장성에 달려 있다고 말한 적이 있다.[43] 성장성이 떨어지고 재정상태가 좋지 않은 상황에서 중앙은행의 돈 찍기^{재정의 화폐화}가 계속된다면 화폐에 대한 신뢰는 하락할 수밖에 없다. 확산되었던 신뢰가 훼손된 근본으로 수렴하는 것이다.

2007년 6월 씨티은행 대표이사 척 프린스^{Chunk Prince}는 다음과 같은 말을 남겨 구설수에 올랐다. "음악이 흐르는 한, 우리는 일어서서 춤을 추어야 한다."[44] 바로 다음 해에 미국에서 금융위기가 발발했다. 시세는 고점에서 가장 강해 보이고, 저점에서 가장 약해 보이기 마련이다. 우리는 언제까지 계속 춤을 추어야 할까?

r〉g는 영원히 계속될 수 있을까?

r〉g는 토마 피케티의 책 『21세기 자본』에서 비중 있게 다루어지는 주제 중 하나이다. r은 자본수익률을 뜻하고, 자본에서 얻는 이윤, 배당금, 이자, 임대료, 기타 소득을 자본총액에 대한 비율로 나타낸 것이다. g는 경제성장률을 의미한다.

자본주의의 역사를 길게 들여다보면 경제성장률보다 자본수익률이 오랜 기간 더 높았고, 이 현상은 부의 양극화 내지는 불평등 심화의 주요한 원인이 되었다.

피케티는 r〉g에 대해서 "논리적 필연이 아니라 역사적 사실로 이해한다"고 표현하며, 이 현상의 발생 배경에 대해서는 깊은 논의를 회피한다.[45] 주류 경제학에서는 자본을 투입할 때 생산성이 높아진다고 말한다. 혁신적 기계나 장치를 도입하면 시간당 생산

〈그림 4-12〉 글로벌 자본수익률과 성장률 비교(고대~2100년)

(단위 : %)

순수한 자본수익률 r(세전)
세계의 생산성장률 g

0-1000   1000-1500   1500-1700   1700-1820   1820-1913   1913-1950   1950-2012   2012-2050   2050-2100

자료 : 21세기 자본 (piketty.pse.ens.fr/capital21c.)

능력이 높아질 수 있다는 것은 직관적이다.

그 이유가 어찌 되었건, 오랜 기간 r⟩g라는 것은 우리가 종자돈을 모아서 적극적으로 투자에 나서야 한다는 당위를 제공한다. 글로벌 저성장으로 과거 대비 성장률이 떨어졌어도 평균적 자본수익률이 경제성장률보다 높으므로 우리가 투자수익률에 대해 희망을 가질 수 있다는 의미다.

〈그림 4-12〉는 피케티가 제시한 r⟩g의 추세이다. 이 그래프 아래에는 다음과 같은 설명도 덧붙여져 있다.

"자본수익률세전은 항상 세계의 성장률보다 높았지만 20세기에 그 격차가 줄어들었고 21세기에 다시 차이가 벌어질 수 있다."[46]

〈그림 4-13〉 세계 자본·수입GDP 비율(1870~2100년)

(단위 : %)

관측치
(중심 시나리오)

관측치

자료 : 21세기 자본 (piketty.pse.ens.fr/capital21c.)

이와 같이 피케티는 1870년 이후 항상 r〉g였다고 주장한다.

〈그림 4-13〉의 '세계 자본·수입GDP 비율(1870~2100년)'을 〈그림 4-12〉와 비교하며 한번 생각해보자. 수치가 이상하다고 생각되는 구간은 1910년에서 1950년의 기간이다. 이 기간 동안 GDP 대비해서 자본의 총량이 줄었다. 그 기간 동안 GDP는 조금씩 성장하는 가운데 큰 변화가 없었다고 한다면, 자본의 총량이 역성장하려면 그 동안의 자본수익률은 마이너스가 되지 않으면 안된다.

이 추론이 맞다면, 1910년에서 1950년 사이의 기간 동안 r〈g이며 동시에 r〈0이 되어야 한다. 〈그림 4-12〉에서 1913~1950년의 기간 동안 r이 5%대라는 부분은 오류가 된다. 피케티의 『21세기 자본』을 읽어보면, 1910년부터 1945년 사이에 두 번의 세계 전쟁으로 공장 등 실물이 파괴되었고, 각국 정부의 전비 마련을 위한 돈 찍어내기로 강한 인플레이션이 일어났다는 내용이 나온다.

강한 인플레이션은 채권에게 지옥이다. 오스트리아의 작가 슈테판 츠바이크Stefan Zweig, 1881~1942의 『어제의 세계』에는 독일과 비슷한 때에 닥친 오스트리아의 하이퍼인플레이션 시기를 다음과 같이 언급하고 있다.

> "40년간 착실하게 저축하고 또 그 돈을 애국적으로 전시 공채에 충당한 사람은 거지가 되었다."[47]

그리고 우리는 그 기간 동안 산업화, 도시화로 기존 부의 상징인 농지 가격에 부정적인 영향이 발생했다는 사실도 알고 있다.

1910년부터 1945년 사이에 정말로 r<0이었던 걸까? 그 기간 동안 자본은 이처럼 전례 없이 파괴되었던 것일까? 만약 이것이 맞다면 세계전쟁과 무분별한 화폐 발행, 그리고 산업 패러다임의 변화 등과 같은 정치적·사회적 격변 속에서 이처럼 자본수익률의 안정성도 크게 훼손될 수 있다는 시사점을 얻게 된다. 자본주의의 지속적 발전과 안정적 투자수익률 확보를 위한 대전제는 정치적·사회적 안정일 것이다.

2부

돈의 시대,
어디에 어떻게 투자해야 하나?

폭넓게 배우고, 자세하고 묻고,
신중하게 생각하며, 분명하게 변별하고,
독실하게 행하여야 한다.

– 『중용(中庸)』

시장 성격을 잘 아는 것이 성공투자의 시작이다
주가가 오르는 것이 아니라 돈의 가치가 떨어지는 것이다
주식시장은 미인대회다
주식시장은 실재보다 인식이 중요하며 사람을 닮았다
시장 사이클을 모르면 '철부지 투자자'다
생각해보기 : 주식투자가 아니라 '주식장사'다

1장

주식시장에 대한 이해는
투자의 기본

한국 주식시장에서는 "PER(주가수익비율)가 죽었다"는 말까지 나오고 있습니다. 최근 10년 사이에 가치주투자의 성과는 아주 부진합니다. 저렴한 가치주를 사놓고 기다리면 경기가 회복되며 좋은 성과가 났던 시절이 있었다면, 특히 2013년 이후에는 성장주의 독주가 이어지고 있습니다. 전 세계가 구조적 저성장에 빠지며 경제 사이클이 사라진 것이 가장 큰 이유로 생각됩니다. 성장이 귀해지니 성장주의 몸값이 하늘로 치솟고, 금리가 하락하니 채권과 채권 스타일의 투자대상(배당주, 부동산 등)만이 관심을 받고 있습니다. 가치주와 성장주의 지나친 괴리가 영원히 지속될 수는 없겠지만, 이러한 시대 흐름을 읽어낸 투자자는 좋은 성과를 거둘 수 있었습니다.

시장의 성격을 아는 것은 이처럼 중요합니다. 가격이 오르는 것은 현상적인 측면이고, 돈이 많아져서 돈의 가치가 떨어지는 것이 보다 본질적인 측면이라는 점을 앞서 1부에서 살펴보았습니다. 주가가 오르는 것도 마찬가지입니다. 그래서 주가의 향방을 전망하기 위해서는 무엇보다 돈의 흐름을 잘 살피는 것이 중요합니다. 아무리 좋은 종목도 시장에서 소외를 받아 돈이 들어오지 않으면 주가가 오르기 어렵기 때문입니다.

한국 주식시장은 지난 10년 동안 밴드에 갇혀서 상당히 소외되었는데, 이는 돈이 채권으로, 부동산으로, 해외로 빠져나간 이유가 큽니다. 수익이 나는 좋은 종목을 고르기 위해서는, 주식시장은 기본적으로 미인대회와 같다는 점을 기억할 필요가 있습니다. 나 혼자 좋아해서는 주가가 오를 수 없습니다. 대중이 좋아하는 종목이라야 돈이 몰려와서 주가가 오를 수 있는 환경이 만들어집니다. 하지만 "제 눈에 안경"이라는 말이 있듯이 사람들은 흔히 자신이 좋아하는 대상을 다른 이도 좋아할 것이라는 착각에 빠지는 경우가 많습니다. 주식시장은 기본적으로 사람이 모여서 주식을 사고 파는 곳입니다. 그래서 실재보다는 사람들의 인식을 반영하고, 생각보다 사람의 감정에 크게 영향을 받습니다. 따라서 주식시장은 사람을 닮았고 부정확하며 우리의 감정처럼 변화무쌍합니다.

한편 주식시장은 경제와 부채의 사이클 등 다양한 요소에 영향을 받아 상승과 하락의 주기가 나타납니다. 이러한 사이클을 모르면 자칫 큰 실수를 하게 되고, 좋은 성과를 거두기 힘듭니다. 주식투자를 잘 하기 위해서는 이러한 주식시장의 다양한 성격들을 잘 아는 것이 기본입니다. 이번 장을 통해서 그 기본을 다지는 노력을 해봅시다.

시장 성격을 잘 아는 것이
성공투자의 시작이다

필자는 2009년 10월 1일 에셋디자인투자자문에 입사했다. 회사는 2009년 2월에 창업했고 필자는 네 번째로 합류했다. 주요 멤버를 소개하면 최정용 공동대표, 이재완 공동대표, 김재범 이사, 그리고 나 김도정 이사였고, 그 뒤로는 김권 매니저에 이어 시간이 좀 지난 뒤에 권재범 이사가 힘을 합했다. 최정용 대표와 이재완 대표는 고려대 가치투자연구회 초대 회장이고, 김재범 이사도 연구회 멤버다.

필자가 회사에 처음 출근했을 때, 금융위원회의 투자일임 라이선스는 이미 지난달인 9월에 취득했지만 고객 자산은 0원이었다. 그러나 우리는 두려움이 전혀 없었다. "우리가 성공하지 못하면 누가 성공하나!" 우리들은 이렇게 외치며 투지를 다졌다. 이처럼 두려움 없는 확신이 있었기에 한때는 고객 자산이 4,500억원을 넘어가는 중견 자문사로서 성장할 수 있었다.

우리의 투자 스타일은 한마디로 '매크로 헤지 전략적 가치투자'다. 그 뜻은 '거시 경제의 동향을 잘 살펴서 투자비중을 탄력적으로 조절하겠다는 의미이고^{어떤 경우에는 시장 하락에 대비해서 선물을 매도하기도 했다}, 투자는 큰 틀에서 가치투자의 범주 안에서 행해진다'는 것을 의미한다. 또한 '거시 경제 동향을 읽고 투자비중을 조절한다'는 것은 시장을 전망해보겠다는 도전이다.

시장 전망의 성공 가능성에는 동의하지 않는 사람들도 많을 것이다. 충분히 일리가 있는 이야기다. 시장은 경제지표보다도 돈과 심리의 흐름에 더 많이 좌우되기도 하기 때문에 정확히 시장을 읽는다는 것은 생각보다 많이 어려운 일이고 틀릴 확률도 높다. 게다가 흔히들 말하듯이 1년 중에 어떤 종목의 주가가 크게 오르는 날은 불과 며칠이 되지 않는 경우도 있다. 그 시기를 놓치면 높은 수익을 기대할 수 없다. 게다가 우리는 시장 하락에 대해 베팅하는 스타일이 아니라 시장과 종목의 상승에 투자하는 롱플레이어^{Long-Player}가 아닌가.

그래서 매크로 헤지는 투자비중을 자유자재로 조절한다기보다는 평소에 현금 비중을 30% 내외로 다소 높게 유지했다가 시장이 빠졌을 때 이를 요긴하게 활용한다는 의미를 더 많이 포함한다. 공격적인 투자를 원하는 고객들 중에서는 30% 현금이 너무 많은 것이 아니냐는 의견을 내기도 했지만 우리는 이 원칙만큼은 끝까지 지켜가며 회사를 운영하기 위해 노력했다. 그런데 실제로 시장 하락이 예상되어 투자비중을 크게 조절한 것은 10년의 기간 동안 세 번 정도에 지나지 않는다.

'전략적'이라는 수식어가 붙어서 자유로움의 여지가 커졌지만, 우리의 투자는 여전히 '가치투자'의 테두리 내에 있었다. 가치투자의 원래 의미는 가치보다 가격이 낮은 종목에 투자한다는 의미인데, 한국에서는 성장주에 대비되는 가치주를 산다는 의미가 강하다. 즉 가치투자 하면 PER^{주가수익비율}이나 PBR^{주가순자산비율} 등 밸류에이션^{Valuation}이 싼 종목에 집중한다는 의미로 받아들여지는 경우가 많다.

에셋디자인도 회사 초기에는, 밸류에이션이 저렴한 종목에 대한 투자를 선호했다. 2009년 10월은 금융위기의 두려움이 채 가시지 않은 상황에서 중국의 경기 부양책의 효과로 주가지수가 계속해서 상승하던 때다. 중국 정부의 소비 보조금이 가전제품이나 자동차에 집중되었으므로 당시 우리 시장의 인기주는 차화정^{車化精, 자동차·화학·정유의 줄임말}이었고, 경기 민감주 중에서 밸류에이션이 저렴한 종목들의 주가가 강한 편이었다.

'가치주, 성장주'라는 이야기는 한 번씩 들어보았을 것이다. 가치주는 대개 밸류에이션이 저렴한 종목임에 비해, 성장주는 향후 이익이 성장할 가능성이 높은 종목이라는 뜻인데 대체로 밸류에이션을 높게 받는 편이다.

2008년 이전까지는 '가치주투자가 맞나, 성장주투자가 맞나'라는 논쟁은 우열을 가리기 어려웠다고 생각된다. 어느 방법을 선택하느냐는 투자자의 소신과 스타일에 달린 문제처럼 인식되었고, 그 뜻은 가치주가 강한 시기와 성장주가 강한 시기가 번

같아 나타났다는 의미다.

하지만 2013년에 모바일 게임주나 전자결제 종목 등 성장주로 무게가 한번 넘어간 이후, 경박단소^{輕薄短小, 가볍고 얇고 짧고 작은 것들을 주}로 생산하는 소비재 중심의 중소형주를 이르는 말 소비주, 중국 관련주, 바이오헬스케어, 반도체 등 수많은 성장주 스타일의 종목들이 뜨고 지는 가운데 제대로 된 가치주의 시기는 오지 않고 있다. 그래서 한국 주식시장에서는 심지어 PER가 죽었다는 이야기마저 나오고 있는 것이다. 도대체 어떤 이유가 있는 걸까?

한국의 가치주가 부진한 배경으로, 2000년대 세계의 공장 중국의 부상과 함께 잘 나가던 한국의 경기민감형 대형 기업들이 2008년 이후 중국 기업의 급속한 성장으로 시장을 서서히 잃게 된 이유를 꼽을 수 있다. 하지만 무엇보다도 경기가 부진해지며 경제성장이 둔화된 것이 가장 큰 이유가 아닐까 생각한다.

경제성장이 둔화된다는 것은, 이익이 성장하는 기업들을 찾기 힘들다는 말이 된다. 그렇기에 성장이 귀한 시대에는 성장하는 기업의 몸값이 높아진다. 더 높은 밸류에이션을 받게 되는 것이다. 그러면 성장이 보편화된 시대에는 반대로 저렴한 가치주가 귀해지며 몸값이 높아진다.

2008년 이전에는 지금에 비해서 경제의 사이클이 분명했다. 경기가 둔화되었다가도 정부와 중앙은행의 재정과 금융정책에 의해 투자와 소비가 살아나고 경기가 회복되는 경우가 많았다. 또한 경기가 지나치게 과열되면 중앙은행은 금리를 높여서 속도를 조절하는 과정이 되풀이되었다. 그래서 경제가 빠르게 성장하는 시기와 둔화되는 시기가 반복되고, 그에 맞춰 가치주와 성장주의 시대가 통상적으로 번갈아 나타난 것으로 보여진다.

하지만 2008년 이후에는 상황이 달라졌다. 경제가 뉴노멀의 상황에 빠지고 구조적 저성장 가능성이 점쳐지며 저금리가 보편화된 지금, 성장주의 전성기가 쭉 유지되고 있다.

2013년 이후 2020년에 이르기까지 우리 증시는, 2017년에 잠시 성격이 바뀌었던 기간을 제외하면 한마디로 '성장주의 시대'다. 그만큼 한국의 경제성장률이 계속 낮아지고 있다는 것이며, 성장주를 찾기 힘들다는 이야기다. 또한 그만큼 성장주와 가치주의 괴리는 커지고 있고, 다시 말해 성장주의 프리미엄이 확산되고 있다.

가치주 중에는 PER가 심지어 3에서 4대에 이르는 종목이 있는 반면, 성장주의 경우에는 PER가 50에서 100에 이르는 종목까지 나타나고 있다. 구조적 저성장의 가능성이 높은 만큼, 경제 성장률이 빠르게 개선되는 시기가 가까운 시일 내에 도달하기는 어려울 수 있다. 하지만 가치주와 성장주의 지나친 괴리가 계속 유지될 것이라고 보는 것도 현명하지 않다. 지나치게 확산되면 되돌아오는 것이 세상의 이치이기 때문이다.

경제의 성장성, 다시 말해 수요의 성장을 기대하기 힘들다면 공급단에 의해 변화의 조짐이 나타날 가능성을 배제하기 힘들다. 낮은 수요 때문에 설비 증설이 지나치게 미뤄져왔다면 어떨까?

정유, 화학, 철강, 시멘트 등의 산업에서 이러한 수요 대비 공급의 부족으로 이익 사이클이 강하게 돌아서는 시기가 온다면, 그때는 이익 성장의 기대감만 무성했던 성장주들은 지금의 왕좌에서 대거 내려오게 되지 않을까 생각한다. 성장주 프리미엄의 확산이 컸던 만큼 수렴되는 정도도 클 가능성이 높다.

'가치주 vs. 성장주'라는 이분법으로 시장 성격을 명확히 구분하는 것은 다소 무리감이 있을 수 있다. 하지만 이처럼 경기와 경제 성장률을 가지고 어떤 스타일의 주식이 좀 더 선호될지 아는 것은 투자에 많은 도움이 된다.

최근에는 다양한 스타일의 시장 주도주로 빠르게 갈아타는 재빠른 운용사들이 각광받고, 소신을 지키는 가치주투자의 명가들이 어려움을 겪고 있다. 물론 이런 현상이 계속되지는 않겠지만 단기에 수익이 나지 않을 때 고객들의 인내심이 그렇게 강하지 않다는 점이 문제다.

한편 경기둔화와 함께 시장금리가 점차 떨어지는 과정에서는 성장주 스타일만이 아니라 채권, 혹은 채권과 비슷한 성격을 가진 대상에 투자하면 좋다는 점을 기억해둘 필요가 있다.

전 세계 금융시장은 주식시장 외에도 채권, 부동산, 그리고 외환시장으로 구성되어 있다. 지속적인 수익을 거두고자 하는 것은 모든 이의 공통된 소망이기에, 시기에 맞게 그에 맞는 시장을 선택하거나 투자 스타일을 바꿀 수 있다면 수익률을 높이는 데 큰 도움이 될 것이다.

필자는 2015년 하반기 이후 주식시장은 부진한데 채권시장 활황이 계속된다는 것을 알게 되었다. 경기부진이 계속되고 금리가 낮아지는 가운데 벌어진 일이었다. 그래서 채권시장에 대해서도 조금씩 공부를 시작했다. 티머시 미들턴Timothy Middleton이 지은 책『채권왕 빌 그로스 투자의 비밀』을 보고, 채권투자의 가장 큰 2가지 리스크가 바로 '인플레이션, 기업의 파산'이라는 점을 알게 되었다.

아직도 채권시장은 잘 모르는 부분이 많지만, 채권을 공부하며 보이는 것이 2가지가 있었다. 첫째는 주식 중에서 배당주였다. 금리하락기에 배당주투자는 채권투자와 동일한 구조를 지니고 있었다. 시중금리는 낮아지는데 배당수익률이 안정되어 있으면, 상대적으로 높은 배당수익률 덕분에 채권가격이 오르듯이 주가가 올라가는 것이다.

둘째는 부동산이었다. 부동산도 역시 채권투자와 동일한 구조를 가지고 있다는 사실을 알게 되었다. 굳이 수익형 부동산이 아닌 주거용도 월세를 받을 수 있기 때문에 수익률을 구할 수 있다. 월세는 그대로 있는데, 시장 이자율이 절반으로 떨어지면 러프하게 부동산가격도 2배가 될 것으로 기대할 수 있다. 그런데 부동산은 한국만의 독특한 전세제도와 더불어 저금리로 이자 부담이 낮아져 부담 없이 대출을 받을 수 있는 점도 가격상승에 크게 일조한 면이 있다. 채권과 부동산의 호황이 겹쳐지며 두 시장으로 돈이 빠져나가서, 주식시장은 상대적 부진에 빠지게 된 것이다.

주식, 채권, 부동산, 외환 등 모든 자산시장은 서로 연결되어 있고, 돈은 그때그때의 전망과 위험 대비 수익의 관점에서 자산시장들을 자유롭게 옮겨다닌다. 주식을 잘 하기 위해서는 주식 공부를 열심히 해야 하지만 그것만 알아서는 부족하다. 돈의 흐름을 정확하게 진단하려면 관심의 범위를 조금 넓혀야 한다.

또한 채권을 알면 세상의 이치도 이해하게 된다. 시장금리는 점점 낮아지는데, 공무원 연금 수령액은 큰 변화가 없다. 그 결과 공무원 연금은 금리가 고정된 채권과 구조가 같아서 연금의 가치가 올라가고 있다. 더 많은 젊은이가 공무원 시험에 몰려들고 있는 현상은 이러한 관점에서도 이해할 수 있다.

주가가 오르는 것이 아니라 돈의 가치가 떨어지는 것이다

'가격이 오르는 것이 아니라 돈의 가치가 떨어지는 것'이며 주가도 마찬가지다. '주가가 오른다'라고 하면, 붉은 색의 숫자와 우상향하는 차트가 먼저 떠오를 수 있다. 하지만 '돈의 가치'가 떨어진다고 표현하면 주가가 오르는 현상 이면에 있는, 돈이 많아지는 본질에 좀 더 집중할 수 있다. 주식이 더 많은지, 돈이 더 많은지가 핵심이다. '상대적인 많고 적음'의 이치는 주가에도 그대로 적용된다.

사람들이 어느 종목으로 몰려들어 돈이 많아지면 주가가 오르고, 반대로 종목에서 떠나면 주가는 하락한다. 주가 변동에서 가장 중요한 것은 '돈'이다. 이처럼 돈이 중요한 것은 단지 종목 하나에만 해당하지 않는다. 시장 전체에 대해서도 돈의 향방은 아주 중요하다. 주식시장 전체로 들어오는 돈이 늘어날 때 주가지수가 올라가고, 반대일 때 떨어진다.

한편 주식시장에 주식이 늘어날 때도 있다. 대표적인 것이 바로 IPO^{Initial Public Out}, 즉 기업의 신규 상장이다. 신규 상장시에는 구주 혹은 신주를 시장에 팔게 된다. 일반적으로 IPO가 많아지면 시장의 고점 신호로 해석되기도 한다. 왜냐하면 기업 입장에서는 주식시장이 좋을 때 좋은 가격에 상장하기 위해 시도했을 수도 있기 때문이다. 또한 IPO는 시장 전체의 주식수가 늘어나는 효과를 주기 때문에 주가지수에는 부정적 영향을 미친다. 돈보다 주식이 많아지는 것이다.

알다시피 자산시장은 크게 주식·채권·부동산·외환시장으로 나뉘어 있다. 자산시장 전체로는 돈이 들어오더라도 그중에서 채권이나 부동산 등 다른 자산시장으로 돈이 몰리면 주식시장은 상대적으로 약세를 띠게 된다.

2015년 이후 한국의 부동산시장 강세가 이어져서 많은 자금이 부동산시장으로 집중되었다. '박스피'라는 별명으로 불리는 한국의 KOSPI 지수가 10년 넘게 밴드에 갇혀서 이를 벗어나지 못하는 이유 중 하나는 돈이 해외로, 또 채권과 부동산으로 많이 빠져나가고 유입이 되지 않은 까닭이다.

한편 경제 전체에 돈이 증가하고 있는지 줄어들고 있는지를 아는 것도 중요하다. 환율과 이자율 그리고 무역수지 등이 여기에 영향을 미치는 변수다. 환율이 강해지면 외국 자본의 유입 가능성이 높아지고, 약해지면 유출 가능성이 높아진다. 중앙은행이 이자율을 낮추면 경제에 풀린 돈이 많아지고, 높이면 돈이 줄어든다.

무역수지 흑자국은 해외에서 자금이 계속해서 유입되는 구조이고, 적자국은 유출되는 구조이다. 미국의 경우 만년 무역수지 적자국인데 이렇게 하면 해외로 돈이 빠져나가기만 하기 때문에, 균형을 잡기 위해 대미 무역흑자국에 국채를 팔아서 달러가 되돌아오도록 하는 장치를 마련하고 있다.

우리는 투자를 함에 앞서 우선 돈의 움직임, 즉 돈이 많아지는 시기인지 줄어드는 시기인지를 잘 살펴볼 필요가 있다. 아무리 좋은 종목을 찾더라도 주식시장에서 돈이 빠져나갈 때 투자하면 수익을 내기가 만만치 않다. 반대로 변변치 않은 종목이라고 하더라도 돈이 들어오는 시장에 투자하면 수익을 낼 가능성이 높아진다.

돈의 흐름을, 경제 전체, 자산시장, 그리고 산업업종과 개별종목의 순으로 좁혀가며 검토해볼 필요가 있다. 그래서 환율, 시장의 거래대금, 종목별 거래량 등이 중요하다. 특히 종목별 거래량은 해당 주식으로 돈이 몰리는 시기인지 아닌지를 판가름할 수 있는 중요한 지표이므로 실제 매매를 행하는 데 있어 꼭 참고할 필요가 있다.

기업의 사업 내용도 괜찮고 밸류에이션도 비싸지 않은데 소외되어 주가가 지지부진하다면, 관심 있게 지켜보다가 거래량이 크게 늘면서 주가가 상승할 때 따라서 매수하는 것이 좋다. 이런 경우 투자성공의 확률이 상당히 높다. 거래량이 관심의 물꼬를 터서 돈이 지속적으로 유입되게 하기 때문에 이후의 주가가 추세적인 상승으로 전환될 가능성이 높기 때문이다.

앞서 살펴본 대로 1973년 이후 경제는 금융화되었다. 이는 경제성장률보다 돈이 더 빨리 늘어났다는 뜻이며, 다양한 자산시장은 이 돈을 빨아들이며 크게 성장했다. 현금으로 가지고 있지 않고 이러한 자산들에 투자했던 사람들은 많은 수익을 거두었다. 반면에 현금 내지는 저축으로 가지고 있던 사람들은 돈의 가치를 보존하기 어려웠다.

인플레이션 시대 혹은 자산 인플레이션 시대에는 현금을 활용해서 적극적으로 투자할 필요가 있다. 한마디로 돈이 스스로 일하게 해야 한다. 인플레이션이 나타날 때 현금은 그 가치가 조금씩 훼손된다. 인플레이션 환경 하에서는, 리스크를 전혀 짊어지지 않으려고 현금을 보유한 이가 어쩌면 가장 큰 리스크를 짊어지게 된다. 돈의 가치가 떨어져서 나중에 현물을 살 수 있는 여력이 점점 줄어들기 때문이다.

우리는 어느 곳으로 돈이 움직이는지의 관점에서 주식과 부동산을 바라볼 필요가 있다. 시장의 관심이 쏠리는 산업과 종목에는 그 관심과 함께 돈이 유입되기에 가격이 올라가게 된다. 부동산도 마찬가지다. 어느 지역에 초고층 빌딩이 들어서면 그 빌딩에는 글로벌 기업, 대기업 본사 등 흔히 연봉이 높고 잘 나가는 회사들이 입주하게 될 가능성이 높다. 또한 그 회사와 직원을 대상으로 장사하려는 상점들도 증가하게 된다. 즉 초고층 빌딩은 사람과 돈을 그 지역에 몰리게 하는 효과를 낳는다. 그에 따라 주변 지가도 함께 상승한다. 이처럼 돈의 움직임을 중심에 놓고 보면 보이지 않던 것들이 보이게 된다.

주식시장은 미인대회다

존 메이너드 케인스John Maynard Keynes, 1883~1946는 뛰어난 경제학자로 잘 알려져 있지만, 성공한 투자자이기도 했다. 하지만 그도 처음부터 뛰어난 투자자는 아니었다. 대공황 직전까지도 "우리 생전에 주가하락은 없을 것이다. 지금 주식시장은 더없이 좋다. 펀더멘털에 비해 주가가 낮다"라고 주장하기까지 했다.[1] 대공황을 피해가지 못한 케인스는 큰 손실을 입었다. 하지만 결국 케인스는 헐값에 거래되는 주식을 사모아 재기에 성공했다.

케인즈는 1936년에 펴낸 『고용·이자 및 화폐의 일반이론』

의 12장에서 주식투자에 대한 이야기를 다루고 있다. 여기에 그의 유명한 '미인대회Beauty Contest' 이론이 나온다. 투자 실패 속에서의 치열한 고민과 재기에 성공한 경험을 바탕으로 자신만의 투자 철학을 확립한 것이다.

그는 주식시장을 미인대회에 비유하여 설명한다. 신문으로 미인대회 수상자를 뽑는 방식인데, 참가자는 100명의 사진 중에서 6명의 가장 매력적인 사진을 선택하도록 요구된다. 여기서 중요한 점이 '대중에게 가장 인기 있는 얼굴을 선택해야 상을 받게 된다'는 것이다. 케인스는 말한다.

"이 경우에 각 투표자는 그 자신이 가장 아름답다고 생각하는 얼굴을 선택하는 것이 아니라, 다른 투표자들의 취향에 가장 잘 맞을 것으로 생각되는 얼굴을 선택해야 하는데, 거기다가 또 투표자들은 모두 문제를 같은 관점으로부터 보고 있는 것이다. 여기에서 문제가 되는 것은 자신의 최선의 판단으로 진실로 가장 아름다운 얼굴을 선택하는 것도 아니며, 더구나 평균적인 의견이 가장 아름답다고 진정하게 생각하는 얼굴을 선택하는 것도 아니다. 평균적인 의견이 어떤 평균적인 의견을 기대하고 있는가를 예견하는 것에 우리의 지력知力을 집중시키는 제3차의 영역에 우리는 도달해 있는 것이다. 나아가서는 제4차, 제5차 및 그 이상 고차高次의 수단을 부리고 있는 사람도 있을 것으로 나는 믿는다."[2]

여기서 특히 케인스가 중요시하는 부분은 '평균적인 의견이 어떤 평균적인 의견을 기대하고 있는지를 예견'해야 한다는 부분이다. 즉 케인스는 단지 대중이 좋아하는 것을 찾는 그 이상의 사고를 요구하고 있지만, 현실에서는 이러한 고차원의 사고에 이르지 않아도 좋다. 제3차의 영역과 제4차, 제5차의 영역 사이에는 실제적인 차이가 크지 않기 때문이다.

그러므로 단지 내가 좋은 종목이 아니라 시장이, 대중이 어떤 종목을 더 좋아할지만 생각해도 투자의 성과는 훨씬 개선될 수 있다. 남들의 관심과 애정을 받아야 돈이 몰리고, 돈이 몰려야 주가상승이 가능하기 때문이다.

간단한 이치이지만, 실전에서 이를 실천하는 것은 생각보다 어렵다. 사람은 자신도 모르게, 자기의 취향에 매몰되어 내가 좋아하는 것은 남들도 좋아할 것이라 지레짐작하는 경우가 많기 때문이다.

엄격하게 판단하지 않고, 관심을 가진 종목들 중에서 한두 가지의 장점만 있어도 '이 기업은 이런 장점이 있네, 이 종목은 이런 부분이 매력 있네' 하면서 포트폴리오에 쉽게 편입해서는 안된다. 당연히 이런 경우 성과가 좋지 않을 가능성이 높다. 시장은 가장 매력적인 하나만을 집중해서 사고자 하기 때문이다.

'내 눈에 미인주'를 사지 않기 위해 조심해야 한다. 운이 좋아 투자에 성공했던 옛 기억들이 방해가 되기도 하고, 실패에서 배우지 못하는 자기합리화가 판단을 흐리게 할 수도 있다. 그리고 무엇보다 시장에서 바라보는 '미의 기준'이 계속해서 변할 수 있기에, 계속해서 '미인주'를 찾아낸다는 것은 생각보다 어려운 일이다.

시장의 주도주는 '미인주'의 개념이 확장된 사례다. 주도주는 대중이 좋아하는 개념에 덧붙여 그 주식의 시세가 전체 주식시장에 미치는 영향이 큰 경우를 말한다. 시장은 항상 주도주를 찾는다. 간단하게 정리된 주도주의 개념을 찾아서 실행하면, 포트폴리오 관리도 편할 뿐 아니라 수익률에도 큰 도움이 된다. 2019년 가을에는 소부장^{소재·부품·장비}이 주도주 콘셉트였는데, 코로나 이후에는 이것이 BBIG^{바이오·배터리·인터넷·게임}로 변화했다.

'시장 주도주' 개념을 찾아서 이런 기업들로 의미 있는 투자비중을 싣기 위해 노력해야 한다. '미인주'를 가져야, '시장 주도주'를 가져야 수익률을 높일 수 있다.

그런데 주도주를 가지지 못하면 수익률도 부진할 뿐 아니라 심리를 보존하기도 어려워진다. 상승장에서는 그래도 좀 낫다. 예를 들어 주도주가 많이 오를 때 나머지 좋은 주식들도 어느 정도는 수익이 따라 오르기 때문이다. 하지만 보합이거나 하락하는 시장에서 주도주를 싣지 못하면 심각한 어려움에 빠지게 된다. 사람들은 다른 주식을 팔아서 주도주를 사러 가기 때문에, 주도주가상승할 때 다른 종목들은 주가가 빠질 가능성이 높아지기 때문이다.

지금은 그야말로 SNS 세상이다. 주식에 대한 정보의 교류도

빛의 속도로 이루어진다. 그만큼 하나의 주도주가 만들어지는 속도가 빨라졌고, 주도주로의 쏠림이 더 심해졌다. SNS의 영향으로 맛집에는 기다리는 줄이 더 길어지고, 손님이 상대적으로 적었던 곳은 더욱 없어지는 양극화 현상이 심화되고 있다. 주식시장의 주도주도 맛집과 비슷하다.

주도주에 투자하기 위해서는 주도주를 찾는 감각과 노력이 빨라야 한다. 또한 시장의 관심이 어디로 이동할지에 항상 촉각을 기울여야 한다. "서퍼는 파도가 아니라 바람을 읽어야 한다"는 말이 있다. 최근 주식시장에서 그 '바람'은 그야말로 변화무쌍이다.

시장의 관심과 주가의 변동 속도 모두가 빨라진 세상이다. 주식투자의 난이도가 그만큼 높아졌다. 원래 "투자는 기다림의 미학"이라는 말이 있지만, 지금 시대의 투자는 점점 치고 빠지는 '게릴라 투자'가 더 어울리지 않을까 하는 생각마저 든다.

그렇다고 '기다리는 투자'의 유효성이 사라진 것은 아니다. 이번 파도가 아니라면 다음 파도를 기다리는 투자도 훌륭한 투자라고 할 수 있다. 다만 돈의 쏠림이 심해진 만큼 다음 파도를 기다리는 사람의 수익률과 마음이 더욱 힘들어지고 있다는 것이 문제다.

지금 오는 파도를 타려면 빨라야 한다. 너무 늦으면 내려가는 파도에 휩쓸릴 수 있다. 다음 파도를 타려면 너무 빠르지 않아야 한다. 기다림에 지쳐 포기하게 될 수도 있다.

주식시장은 실재보다 인식이 중요하며
사람을 닮았다

주식시장만큼 사람들의 믿음과 인식이 중요한 곳은 또 없을 것이다. 왜냐하면 주가는 '이익×밸류에이션'으로 나타나는데, 그 밸류에이션을 결정하는 가장 중요한 요소가 바로 사람들의 믿음과 인식이기 때문이다.

똑같이 1년에 100억원의 이익을 내는 기업 A와 B가 있다고 하자. 그런데 A는 시가총액이 500억원으로 평가받는 데 비해 B는 5천억원으로 평가받는 경우도 발생한다. 밸류에이션의 차이가 무려 10배에 달하는 것이다. 산업과 이익의 성장성, 회사의 경쟁력 등에 대한 시장의 인식 차이가 이러한 결과로 이어진다.

그러나 인식 그 자체는 실재를 잘 반영하지 못하는 경우가 많다. 한마디로 정확하지 않은 것이다. 제한된 정보, 성급한 일반화, 감정의 개입, 군중 심리, 선형적 인식, 확증 편향, 이야기 선호 등 인식의 오류를 만들어내는 요인은 아주 많다.

인식 자체의 불완전성은 철학과 인문학의 오랜 주제다. 인식이 실재를 왜곡하는 경우가 많지만, 또한 '왜곡된 인식' 그 자체가 '엄연한 현실'이라는 사실이 중요하다. 그 인식에 따라서, 또 그 인식의 변화에 따라서 주가가 움직이기 때문이다. '확산과 수렴'의 관점에서 인식이 결국 실재로 수렴하겠으나 둘이 떨어져 있는 시간은 생각보다 길 수 있다. 그래서 우리는 투자대상에 대한 세상의 인식이 어떠한지에 큰 관심을 기울여야 한다.

대개 시장의 인식을 함부로 거슬러서는 안 된다. 큰돈이 그들의 손에 있기 때문이며, 돈의 움직임이 결국 가격의 변화를 만들어내기 때문이다. 그렇다고 인식이 한 방향으로 계속된다는 뜻은 아니다. 인식이 실재에서 너무 멀어질 때 반대되는 흐름이 갑자기 나타날 수 있다. 변곡점이 만들어지는 순간이며, '확산에서 수렴'으로 변하는 순간이다.

따라서 인식에는 순응도 의미가 있지만, 맞서는 용기가 더 중요하다. 1990년대 말의 IT 버블에서 워런 버핏은 기술주를 한 주도 사지 않은 것으로 유명하다. 버크셔 해서웨이Berkshire Hathaway의 주가가 반토막이 나도 그는 원칙을 지켰다. IT버블은 1999년까지 계속되다가 2000년에 변곡점이 찾아왔다. 워런 버핏은 끝까지 원칙을 지켰기 때문에 닷컴버블이라는 폭락을 용케 피할 수 있었다. 워런 버핏이 선호하는 역발상투자는 시장의 인식에 맞서는 용기에서 시작된다. 역시 투자자는 유연하기도 해야 하지만 단단하기도 해야 한다.

기업 분석을 열심히 하는 것은 '이익'을 전망하기 위함이다. 이는 숫자와 학문의 영역이다. 하지만 인식이 좌우하는 밸류에이션은 이런 학문적 분석을 통해서는 알 수 없다. 인식의 변화는 미묘하고 감지하기 어려운 경우가 많다. 인식에는 이성적 부분만이 아니라 심리와 감정의 영역이 섞여 있기 때문이다. 투자는 과학이 아니라 예술에 가깝다고 하는 이유도 여기에 있다.

한편 '위험 인식'의 경우 합리적 사고가 거의 관계없다는 주장도 있다. 나심 탈렙의 책 『행운에 속지마라』에는 "충격적인 과학적 사실에 따르면, 인지 위험이 따르는 문제에 대해서 위험 감지와 위험 회피를 처리하는 부분은 두뇌의 '사고' 부위가 아니라 '감정' 부위다. 그 결과는 가볍지 않다. 이는 합리적 사고가 위험 회피와 거의 관계가 없다는 뜻이다"라는 내용이 실려 있다.[3]

시장이 쉽게 과열되고 버블에 빠지는 것은, 위험 인식과 회피가 합리적이지 않기 때문이다. 2008년 금융위기는 과도한 부채와 그 문제점에 대한 시장과 정책 당국의 안이한 인식이 주요한 원인이었다. 세상의 인식을 잘 살피며 투자에 임하자. 위기를 피할 수도 있고, 좋은 투자 기회를 잡는 데도 도움이 된다.

필자가 중국 상하이에 위치한 푸단대학교에 교환학생으로 있었던 2006년, 만나는 많은 중국인들이 필자에게 공통적으로 이야기 하는 3가지가 있었다. 첫째, "한국은 중국의 친구다." 둘째, "한국 여성들은 아름답다. 그런데 정말로 대부분 성형을 했나?", 셋째, "한국에서 서울 다음으로 아는 곳은 제주도다. 제주도는 자연이 끝내준다." 첫 번째 말은 한류로 이어졌다. 두 번째 말은 한국의 화장품 수출과 중국인의 성형 관광으로 이어졌다. 세 번째 말은 중국인의 제주도 여행과 부동산투자로 이어졌다. 2015년 즈음에는 한류와 화장품 관련주가 크게 올랐다. 인식이 결국 행동과 투자로 연결된 사례다.

주식시장에서 실재보다 인식이 중요한 이유는, 주식시장이 실재의 상황을 반영하기보다 사람의 인식을 반영하기 때문이다. 숫자와 논리로 이루어져 있을 것 같은 주식시장은, 사실 인식과 감정과 같은 가장 인간적인 요소들로 이루어져 있다.

주식시장은 사람의 욕망과 좌절, 낙관과 회의, 안도와 공포가 함께 숨 쉬는 곳이다. 사람에 대한 이해가 깊을수록, 공감능력이 높을수록 시장의 분위기를 읽고 대응하기가 쉬워진다. 알 듯 말 듯 알기 어렵고, 이유 없이 급변하는 사람의 마음처럼 주식시장도 그러한 면이 있다.

감정적인 면에서 사람은 어떠한가? 어떤 대상에 대해서 좋아하는 마음이 강했던 만큼 미움도 크다. 크게 믿고 크게 실망한다. 환호했던 만큼 나중에 공포도 크다. 이성적인 것 같아도 무모한 낙관주의에 빠지고, 대책 없는 비관론에 빠지기도 한다. 실수를 통해 마음이 아팠던 만큼 그 실수를 잊어버리고 싶어하고 다시 기억하기 싫어한다.

그래서 사람은 자신의 실패에서 잘 배우지 못하고, 타인의 실수역사에서도 잘 배우지 못한다. 생각에는 에너지가 많이 드니까 깊이 생각하기를 싫어하고, 지나간 일에 대한 후회와 오지 않은 미래에 대한 걱정으로 에너지를 낭비하는 것이 인간이다. 감정이 상하면 남 탓을 하고, 실수가 있어도 자기방어에 바쁘다.

단언컨대 주식시장에는 이러한 모든 모습이 다 나타난다. 그래서 시장이 공포에 빠져 있는지, 무시하고 있는지, 희망을 품기 시작한 단계인지, 회의하고 있는지, 낙관하고 있는지, 안도하고 있는지를 관찰과 공감을 통해 읽어낼 수 있으면 시장 대응에 큰 도움이 된다.

'월 스트리트의 살아있는 전설'로 불렸던 존 템플턴^{John} ^{Templeton}은 다음과 같은 말을 남겼다. "강세장은 비관 속에서 태어나, 회의 속에서 자라며, 낙관 속에서 성숙해, 행복 속에서 죽는다." 주식시장이 사람의 감정에 크게 영향을 받으며 결국 사람을 닮았다는 점을 잘 표현한 말이다.

시장 사이클을 모르면 '철부지 투자자'다

'철부지^{철不知}'는 철, 즉 시간의 때를 모른다는 의미를 가지고 있다. 주식시장에서도 마찬가지로 때와 사이클을 모르면 철부지가 된다. 여름만 경험한 배짱이에게 계절은 여름일 뿐이다. 가을을 논할 필요가 없다. 주식시장에서 강세장만 경험한 이에게 약세장을 이야기할 필요가 없다. 그에게 주식시장은 늘 강세장이기 때문이다. 반대로 약세장만 경험한 사람이나, 성장주의 시대만 경험한 사람도 마찬가지로 철부지가 된다.

사람은 흔히 직선적인 사고를 한다. 무더위 속에서는 이 더위가 영원할 것 같고, 한파 속에서는 이 추위가 계속될 것처럼 느낀다. 하지만 기업에도, 산업에도, 경제와 주식시장에도 사이클이 있다. 산이 높은 만큼 골이 깊고, 좋을 때가 있으면 나쁠 때가 있다. 사이클을 모르고 대응하면 자칫 큰 위험에 빠질 수 있다.

시장의 사이클에 잘 대응하기 위해서 우리는 어떤 노력을 해야 할까? 첫째, 인식의 타임스펜^{Time-span}을 길게 해야 한다. 하지만 자본주의는 길고 인생은 짧다. 그러므로 우리는 자본주의와 투자의 역사를 연구해야 한다. 둘째, 경험을 쌓고 그 속에서 계속해서 교훈을 얻어가야 한다. 봄, 여름, 가을, 겨울을 여러 번 경험해봐야 비로소 원숙한 농부가 될 수 있듯이 한두 번의 시장 경험으로 충분하다고 볼 수는 없다.

주식시장의 사이클은 대개 하강과 상승을 반복하는 경제 사이클^{혹은 이익 사이클}에, 많아지고 적어지는 돈의 사이클이 합쳐져 만들어진다. 그래서 시장을 금융장세^{이익의 개선은 없지만 돈이 많아져서 주가상승}, 실적장세^{이익개선으로 주가 지속 상승}, 역금융장세^{이익은 아직 유지되지만 돈이 빠져나가면서 주가하락}, 역실적장세^{이익둔화로 주가 지속 하락}로 구분하기도 한다.

경제와 주가의 하강과 상승을 바라볼 때 중요한 것 중 하나는, 하강은 상승 에너지를 비축하고, 상승은 하강 에너지를 쌓아간다는 점이다. 그래서 하강과 상승이 영원하지 않고 되돌림과 사이클이 만들어진다. 다른 말로 '확산과 수렴'이 반복된다.

투자에 있어 '불패 신화' 내지는 '절대 공식'과 같은 말은 대단히 위험하다. 우리의 짧은 경험과 인식의 타임스펜 내에서는 그것이 옳을지 몰라도, 시기와 배경이 달라질 때 그 공식이 여전히 유효하리라 확신할 수 없다.

경기변동론에서 쥐글라르 파동은 주기가 10년이지만, 콘트라티에프 파동은 50~60년으로 길다. 단기 부채 사이클은 5~8년이지만, 장기 부채 사이클은 75~100년에 걸쳐 나타난다고 한다. 단기의 그것들은 몰라도, 콘트라티에프 파동이나 장기 부채 사이클과 같이 길게 나타나는 사이클은 우리로서는 이해하기도 예측하기도 쉽지 않은 영역이다.

따라서 우리는 과거를 공부해야 하고, 역사를 연구해야 한다. 과거의 패턴 속에서 아이디어를 얻고, 역사 속에서 시사점을 얻어 현실에 반영하는 노력은 남과 다른 나만의 차별화된 실력을 기르는 데 도움을 준다.

'역사를 알면 미래가 보인다'는 생각으로 역사의 공부를 강조하는 투자자는 바로 짐 로저스Jim Rogers이다. 또한 그는 "전 세계에서 일어나는 변화를 거시적인 시각에서 이해하려면 역사 공부가 필수적이다"라고 하며,[4] 큰 그림을 그리기 위해서도 역사 공부를 강조한다. 하지만 그는 역사가 늘 비슷하게 반복되지만 똑같이 진행되지는 않는다고 주장한다. 비슷한 맥락에서 워런 버핏은 기술적 분석에 대해 "주식시장에 필요한 것이 과거가 전부라면 도서관 사서들이 세상에서 가장 부자일 것이다"라며 일침을 가한 적이 있다.[5]

워런 버핏의 말처럼 주식시장의 과거를 안다고 미래를 정확하게 예측할 수 없다는 점에 대해서는 주의를 기울여야 한다. 과거를 공부하되 패턴을 읽는 것이 중요하고 전체적인 면을 보는 안목을 기르기 위해 노력해야 한다.

우리는 운전을 할 때 앞을 더 많이 봐야 하겠지만, 가끔 백미러도 봐줘야 한다. 바로 차선을 바꿀 때다. 주식시장에서도 금융위기와 같은 빅 이벤트가 발생해 투자 포트폴리오의 급변경이 필요한 경우, 백미러로 과거를 보는 일은 분명 도움이 된다. 하지만 과거를 공부한다고 해서 예전의 것이 그대로 반복될 것이라고 지나치게 믿지는 말자.

이번 코로나19 위기 때 레이 달리오, 켄 피셔와 같은 유명 투자자들도 제때에 투자비중을 줄이지 못해 수익률 하락을 막지 못했다. 비록 이들은 역사를 검토했지만, 코로나19를 과거 스페인 독감이나 사스, 메르스와 크게 다르지 않다고 생각했다. 하지만 코로나19는 무증상 감염 등 예상치 못한 특성으로 상상을 초월하는 전염력을 지녔고, 게다가 치사율도 높아 전 세계를 팬데믹pandemic 상태로 빠뜨렸다.

또한 과거가 그대로 반복되지 않는 이유로, 지금 정부의 상황 파악 능력과 위기 대응 능력이 과거보다 더 높아졌다는 점을 지적할 수 있다. 지금의 정부는 상황을 보다 빨리 더 잘 알 수 있는 능력을 가졌을 뿐만 아니라, 높아진 신뢰를 바탕으로 과거보다 더 많은 정책적 수단을 가지고 있다. 지금의 중앙은행은 어떤 방법을 써서라도 디플레이션 내지는 큰 경제 위기가 오는 것을 막겠다는 의지 아래 제로금리와 무제한 채권 매입과 같은 이례적인 정책 사용도 서슴지 않고 있다.

주식투자가 아니라 '주식장사' 다

    우리는 생각보다 겉으로 드러난 현상과 용어에 갇혀 세상을 바라보는 경우가 많다. 가격이 오르는 현상 속에 있는 돈에 보다 집중하면 자본주의에 대한 이해가 깊어진다. '수요와 공급'이라는 용어에 사로잡히기보다는 '많고 적음'이라는 이치에 집중하면 보이지 않던 것들이 보이기 시작한다. 우리는 혹시 '주식투자'란 말에 너무 갇혀 있는 것은 아닐까?

    '주식투자'란 무엇인가? '좋은 주식을 싸게 사서 수익을 거두려는 행위' 정도로 정의할 수 있을 것이다. 그런데 주가가 오르려면 내가 산 가격보다 누군가가 더 높은 가격에 주식을 사 주어야 한다. 그러기 위해서는 내가 사는 주식은, 내 눈에 좋은 주식이 아니라 남이 보기에 좋은 주식이어야 한다.

너무나 당연하지 않느냐고 할지 모른다. 하지만 주식투자를 조금이라도 해 본 사람은 안다. 내가 지금 사고 있는 주식이 내 눈에만 보석인 경우가 얼마나 많았는지를. 때로 성공의 경험이 독이 되기도 한다. 우연히 나의 취향과 시장의 취향이 일치해서 투자에 성공한 것일 뿐임에도, 그것을 계속 유지한다면 어떻게 될까? 큰 실패는 아니어도 최소한 큰 성공을 거두기는 쉽지 않을 것이다.

주식투자가 아니라 '주식장사'로 보는 순간, 주식을 바라보는 시각이 나 중심에서 대중 중심으로 바뀌게 된다. 투자라는 용어를 쓰면, '음 이게 좋아보이는데' 하고 나도 모르게 나 중심의 사고에 갇혀 있는 경우가 생긴다. 하지만 투자 대신에 장사라는 용어를 쓰면, '음 이게 잘 팔리겠는데' 하고 생각하기 시작한다. 주식은 누가 사줘야 가격이 오르고 또 결국은 처분해야 수익이 나는 것이다.

이제 마음속으로 외쳐보자. '아, 내일부터 주식장사를 해볼까?' 이렇게 생각하는 순간, 나의 계좌에 진열되어 있는 주식들의 성격이 바뀔 것이다. 내가 좋아하는 주식에서, 남들이 좋아할 만한 주식으로!

포트폴리오를 점검해보고자 한다면, 다음과 같이 생각해보면 도움이 된다. '지금 포트폴리오에 주식이 하나도 없어도 지금 가지고 있는 주식들을 그대로 살 것인가?'

2장

수익률을 크게 높여주는 종목 발굴법

좋은 투자 종목을 발굴하려면 우선 가치를 보는 눈이 있어야 합니다. 기본적으로 귀한 것 내지는 귀해질 것이 가치가 있습니다.

차별화된 상품이나 서비스는 남들과 다르므로 귀합니다. 상품이나 서비스가 귀해지는 과정은 여러 가지가 있을 수 있습니다. 수요공급에 따른 산업 사이클 변화로 제품가격이 변하는 것은 화학이나 철강과 같은 대형 장치산업에서 주로 나타납니다. 이번 코로나19 때는 갑작스런 수요 증가로 마스크, 진단키트, 인공호흡기 등이 귀해지며 가치가 크게 높아졌습니다. 전기차나 수소차 관련주처럼 시대의 변화 속에서 미래 수요 증가에 대비해 차근히 준비해왔던 기업은, 수요가 본격적으로 증가하는 시점에 그 가치를 인정받게 됩니다.

큰 투자수익을 기대한다면 '특히 귀해질 것'을 찾아야 합니다. 그것은 '많음과 적음'의 양극단이 만나는 곳에 있습니다. 대형 다이아몬드는 특히 귀하기 때문에 다이아몬드의 가격은 크기에 따라 기하급수적으로 높아집니다. 현대 사회는 돈은 넘쳐나는 데 반해, 도심 요지의 땅은 공급이 극단적으로 제한되어 있습니다. 그 결과 도심 땅값은 세상 그 어떤 물가보다 많이 올라갔습니다. 이번 코로나19 때 진단키트는 갑자기 전 세계의 수요를 만났고, 그것을 공급하는 기업의 주가는 10배 넘게 오르기도 했습니다. 하지만 단기에 10루타를 기록하는 종목은 천재지변과 같이 이례적인 상황에서 발생하므로 흔치 않습니다.

상품과 서비스가 대중화되는 기업은 우리가 보다 흔히 발굴할 수 있는 투자 아이디어에 해당됩니다. 우리 일상을 잘 살펴보면 거기에 답이 있는 경우가 많습니다. 무선청소기, 프로바이오틱스, 전동 퀵보드, 의류 건조기 등 소비의 변화 속에 좋은 투자 기회가 함께합니다.

중장기적으로 기업의 가치는 기업의 경쟁력에 수렴합니다. 2008년 이후 화학, 정유, 철강 등 한국시장의 주요 대형주들의 주가가 제자리걸음인 것은 중국 업체들의 부상 속에서 한국 기업들의 경쟁력이 약화되었기 때문입니다.

지금과 같은 저성장과 경제위기 시대에는 정부의 정책을 잘 살펴봐야 합니다. 가계와 기업이 소비와 투자를 줄이는 가운데 그 부족한 부분을 정부가 메꾸고 있기 때문입니다. 정부의 투자가 확대되는 영역에 있는 산업과 기업은 성장성이 일시에 높아지기 때문에 시장의 큰 관심을 받게 됩니다. 이번 장을 통해서는 좋은 종목 발굴법을 함께 생각해봅시다.

귀한 것, 귀해질 것에
투자하라

중국에서 한자 귀貴는 비싸다는 의미를 나타낸다. '귀하면 가격이 올라간다'라고 하는 원리를 정확히 담고 있는 표현이라 할 수 있다. 돈 대비 상품과 서비스의 수량이 적을 때 몸값이 올라가는 것이다.

주식에서 귀한 것에 투자하라고 하면, 우선 기업에서 제공하는 상품과 서비스가 얼마나 차별적인지를 떠올릴 것이다. 요즘은 기본적으로 공급과잉의 시대이기 때문에, 완전히 차별적인 기술력으로 남들이 만들지 못하는 무엇을 제공하기가 점점 어려워지고 있다. 그래서 디자인, 콘셉트, 가격 등 다양한 면에서 차별화 포인트를 찾고 있지만 그 또한 경쟁심화로 만만치 않다. 그래서 스토리와 가치관 등 그 이상의 포인트까지 등장하고 있으며, 시장의 니즈 변화 속에서 틈새를 찾아 끊임없이 새로운 것을 공급함으로써 차별화를 꾀하는 기업도 많아지고 있다.

기업의 상품과 서비스가 귀해지고 흔해지는 현상은 '차별화' 말고도 다음의 몇 가지 다른 측면에서 접근해볼 수 있다.

첫 번째는 산업 사이클에 의한 변화이다. 예를 들어 화학산업을 보자. 대규모 장치산업이기 때문에 증설에는 많은 돈과 시간이 든다. 그래서 증설은 수요와 경쟁상황, 자본의 조달 등을 고려해서 수 년에 한 번씩 대규모로 이루어지는 것이 보통이다. 그런데 수요는 매년 조금씩 꾸준히 늘어난다. 이 둘 사이의 불일치가 화학제품의 사이클을 만들어낸다. 증설이 완료되어 제품이 시장에 쏟아져 나올 때는 수요보다 공급이 일시에 많아져서 제품가격이 하락한다. 그러나 시간이 지나며 늘어난 수요가 공급과잉을 서서히 해소해나가면 제품가격은 다시 상승하게 된다.

두 번째는 외적인 변수가 발생해 일시적인 필요와 초과수요가 발생하고 상품이 귀해지는 경우이다. 이번 코로나19 때 처음에는 마스크가 귀해졌고 그 다음에는 진단키트, 인공호흡기, 감압병상 등이 차례로 부족해졌다. 물론 해당 제품을 만드는 기업들의 주가가 차례로 크게 올라간 것은 당연한 이치이다. 이와 같은 갑작스런 수요의 폭증은 수십 년 만에 한번 오는 천재일우의 투자 기회를 제공하기도 한다.

일본의 투자자 고레카와 긴조是川 銀藏, 1897~1992는 1923년 9월의 간토 대지진 때 아연철판, 주석, 못을 대량으로 구매해 큰 수익을 올린 적이 있다. 집이 무너지고 불탔다면 무엇보다도 우선 바라크를 짓지 않으면 안 되는데, 그 때문에 반드시 아연철판과 못이

필요하다는 아이디어였다.[6]

셋째, 주식의 스타일과 기업이 속한 업종 때문에 귀해지는 경우도 있다. 성장이 귀한 시대인 지금, 성장주가 각광을 받고 있다. 또한 불경기로 꿈과 희망이 줄어들고 있는 현재, 꿈이 있는 기업의 주가가 화려하다. 바이오 종목이 대표적이다. 반면에 현금이 많은 자산주는 관심을 받지 못하고 있는데, 지금은 현금이 귀한 시대가 아니기 때문이다.

한국 주식시장에서는 데이터 관련 사업을 하는 기업, AI 분야에서 뛰는 기업을 찾기가 어렵다. 산업의 역사가 길지 않기 때문이다. 최근 데이터 산업, AI 산업에 대한 관심이 높아지며 덩달아 해당 기업들의 주가가 호조세다. 이런 기업은 시장 평균보다 높은 밸류에이션을 받을 가능성이 높은데, 이는 해당 업종에 투자하고 싶지만 투자할 기업이 드물기 때문이다.

투자 책들을 보면 흔히 최소 3~5년의 긴 호흡으로 세상의 변화를 보라고 조언한다. 이는 3~5년 후에 어떤 기업이 귀해질지를 전망해보는 작업과 동일하다. 3~5년 뒤의 세상의 변화를 보고 이를 위해 준비하는 기업은, 그러한 변화가 닥쳤을 때 남들이 만들 수 없는 상품과 서비스를 제공할 수 있기 때문이다.

2차 전지 관련주나 수소 관련주가 대표적인 사례다. 준비된 기업이 귀하므로 이런 기업들은 고객사로부터 주식시장에서 대접받게 된다. 그러므로 열린 산업 분야에서 차근차근 경쟁력을 길러가고 있는 기업들을 미리미리 찾아서 연구해둘 필요가 있다.

'많음과 적음'의 양극단이
만나는 사례를 찾아라

어떤 것을 투자하든지 꼭 필요한 약방의 감초는 바로 '많고 적음'의 원리다. 가치와 가격변화의 핵심 이치이기 때문이며, 크게 오를 종목이나 투자대상을 찾는 데도 아주 유용하기 때문이다. 단, 큰 투자의 기회를 찾기 위해서는 생각을 조금 더 발전시킬 필요가 있다.

다이아몬드를 예로 들어보자. 다이아몬드는 기본적으로 희귀하다. 그래서 다이아몬드는 가치가 높다. 그런데 다이아몬드는 가격이 크기에 비례하지 않는다. 크기가 커질수록 가격은 기하급수적으로 높아진다. 크기가 커질수록 더욱 귀해지기 때문이다. 부자들은 더 큰 다이아몬드를 원한다. 아주 희귀하기에 그만큼 과시하기에 좋다. 그러나 커질수록 귀하기에 공급이 잘 이뤄지지 않는다. 그래서 가격은 하늘 끝까지 올라간다. 바로 여기에 답이 있다. 많음의 극단과 적음의 극단이 만나는 곳, 거기에 큰 투자의 기회가 있다.

서울 도심 요지의 땅을 생각해보자. 사람이 늘고 돈이 늘어도 '절대적인 땅의 면적'이 늘지 않는다. 물론 용적률 등의 상향으로 이용 측면에서 땅의 면적이 다소간 늘기는 했다. 하지만 시대와 욕구는 저만치 앞서가도 법과 제도는 맨 뒤에서 허겁지겁 따라올 뿐이다. 도심 요지의 땅은 늘 부족하다. 가격이 올라도 공급이 늘지 못한다. 그러나 좋은 직장도, 좋은 학교도 다 서울에 있기 때문에, 이에 대한 수요는 끝이 없다. '많음과 적음'의 양극단이 만나는 자리다. 그래서 세상 그 어떤 물가보다 도심의 땅값이 가장 많이 올랐다.

아데어 터너는 『부채의 늪과 악마의 유혹 사이에서』라는 책에서 이렇게 말한다.

> "현대경제에서 금융불안의 핵심에는 이와 같이 은행의 무한한 신용창출 능력과 좋은 위치에 있는 부동산 공급의 희소성 간의 상호작용interaction이 있다."[7]

지난 40년간 GDP가 18.5배 오를 때 강남의 모 아파트는 84배 올랐다. 어떤 사회·문화적 변화가 서울로 몰리는 수요를 분산시키지 못한다면, 도심 내의 토지 공급을 획기적으로 높일 수 있는 법적·제도적 변화가 수반되지 않는다면 이런 트렌드는 당분간 유지될 수도 있다.

코로나19의 발발은 '많음과 적음'의 양극단이 만나는 사례를 또 하나 우리에게 보여준다. 바로 진단키트, 그중에서도 실시간 유전자증폭방식RT-PCR의 진단키트다. 이 방식은 코로나19 바이러스의 존재 자체를 확인하는 방식이며, 바이러스에 감염됐을 때를 진단할 수 있는 '민감도'와 감염되지 않은 정상인을 걸러내는 '특이도' 등의 관점에서 항체방식 등 다른 기술에 비해 가장 정확하다고 인정되고 있다.

2020년 9월 1일 0시를 기준으로 코로나19에 감염된 전 세계 환자는 25,464,576명에 사망자는 850,209명을 기록했다. 가장 많은 환자가 발생한 미국은 총확진자가 5,994,803명에 사망자는 183,137명이다. 평소에 RT-PCR 진단 키트를 찾는 수요는 소수다. 그래서 준비된 기업이 많지 않다. 수요가 별로 없는데 이를 팔자고 거금을 들여 기술을 개발하고 대량으로 만들어놓는 기업이 많을 수는 없다. 그런데 갑자기 전 세계에서 수요가 폭증했다. '많음과 적음'의 양극단이 만난 것이다. 관련 기업인 씨젠과 랩지노믹스는 주가가 단기간에 10배 넘게 상승했다.

이처럼 극단이 만나는 사례는 감염병으로 인한 팬데믹 또는 자연재해나 전쟁상황이 아니면 잘 발생하지 않는다. 그래서 단기에 10루타를 기록하는 투자대상을 찾는 일은 쉽지 않다. 다만 평소 이런 관점으로 세상이 돌아가는 상황을 예의주시한다면 양극단까지는 아니어도 '많음과 적음' 사이의 간격이 큰, 그래서 꽤 가치 있는 투자대상을 찾는 데 도움이 될 것이다. 기본적으로 수요가 느는데 공급이 부족한 영역이 대상이 된다.

2020년 8월, 바이오 의약품의 원료를 생산하는 CMO나 전기차용 2차전지, 비메모리를 제조하는 파운드리 영역 등에서 공급부족 조짐이 나타났다. 지금은 대체로 공급과잉 시대다. '부족'함은 귀하고 상대적 가치를 키워 상품과 서비스의 가격이 크게 오를 수 있다.

현대 문명의 구조적인 취약성

코로나19 이슈는 우리 문명과 시스템의 취약성이 크게 드러나는 계기가 되고 있다. 기술과 과학, 첨단 의학의 발전으로 여러 가지 위험이 점점 사라지고 있다고 생각하는 것이 상식적이다. 하지만 일본 원전사태나 동남아의 쓰나미, 지금의 코로나19 등을 보면 이런 생각이 과연 옳은가 의심하지 않을 수 없다.

일본 후쿠시마 원전사고의 경우, 첨단 기술을 이용한 평가방법에 의해 원전의 격납용기 파손 확률이 '1억 년에 한 번'이라는 진단을 받았다. 하지만 2011년 3월 11일, 진도 9.1의 강진이 일본 동북부를 강타하자 그 여파로 15m 높이의 쓰나미가 원전의 방파제를 넘었다. 후쿠시마 제1원자력 발전소의 전원 공급이 끊겼고, 원자로 6기 중 4기의 동력이 소실되었고, 그 4기 중 3기에서

노심용융이 일어나면서 방사능이 유출되기 시작했다.

바이러스는 전염력이 높으면 치사율이 낮고, 치사율이 높으면 전염성이 낮은 것으로 알려져 있다. 코로나19와 같이 전염성이 이토록 높으면서 치사율이 그다지 낮지 않은 바이러스가 만들어질 확률이 얼마나 될까? 통계학의 팻 테일 fat tail 혹은 블랙스완도 저히 일어날 것 같지 않은 일의 발생 은 원래 경제나 금융에 해당하는 현상이 아니던가? 이례적인 상황에서 비관이 서로에게 전염되어 주가 폭락과 같은 극단적인 변동성이 만들어지는 것은 지극히 인간적인 현상이라 할 수 있다.

어쩌면 과밀하게 모여 사는 도시 문명 혹은 세계를 하루 생활권으로 만들고 있는 편리한 교통 등이 문제가 되고 있는 것일까? 그에 따라 세계는, 지진이나 전염병 같은 자연재해에 더 취약해진 면이 있어 보인다.

우리 문명은 수학적 모델에 의존해 설계하고 세워졌으며, 리스크를 진단하고 있다. 이는 빌딩, 도시, 금융, 경제가 매한가지다. 수학은 아름답지만 이상적이다. 하지만 자연과 현실은 수학적으로 예측이 어려운 복잡계에 가깝다. 수학이 말해주는 확률보다 더 자주 위기가 발생하고 있다. 그렇다고 이 모든 위험에 다 충분히 대비하기에는 보험 비용이 너무 많이 든다. 우리의 머리를 아프게 하는 것은 단지 많아진 부채와 더 빈번해진 금융위기의 가능성만이 아니다. 높아진 현대 문명의 구조적 취약성은 기본적으로 모든 투자의 리스크에 부정적인 영향을 미치게 된다.

상품과 서비스가 대중화되는
기업을 찾아라

자신이 얼리 어답터^{early adopter}이거나 소비 생활에서 남보다 발빠른 무엇이 있다면 자신의 소비를 잘 관찰해보자. 그 속에 좋은 투자대상이 숨어 있는 경우가 많다. 게다가 시대의 변화에 따라 새로운 상품과 서비스가 계속해서 출시된다는 점에서 투자 아이디어를 계속 떠올릴 수 있다는 장점도 있다. 한편 본인이 소비에 관심이 적다면 가족이나 주위 사람의 소비를 잘 관찰하는 것도 하나의 방법이 된다.

수년 전 부산 처가에 내려갔을 때 초강력 다이슨 무선 청소기를 눈앞에서 처음으로 보았다. 직접 보니 생각보다 힘이 좋았다. 장인어른은 지금 연세에도 여전히 얼리어답터이시다. 무선 청소기가 힘이 좋고 오래 작동하려면 성능 좋은 2차전지를 장착해야 한다. 당시 NCA라고 하는 고성능 양극재를 생산하는 에코프로비엠을 자회사로 둔 에코프로_{이후 2019년 3월 5일 에코프로비엠은 주식시장에 별도로 상장함}는 투자하기에 아주 좋은 주가 수준이었다.

아내가 장 건강에 좋다고 '프로바이오틱스'를 권했던 2012년, 쎌바이오텍 주가는 6천원 내외였다. 유산균은 누구나 알아도 '프로바이오틱스'라는 단어의 의미를 아는 사람이 적던 시기였다. 지금은 경쟁심화로 업황이 다소 어려워졌지만 쎌바이오텍은 한때 주가가 7만원을 상회하기도 했다.

지금은 전동퀵보드가 길가 어디에서나 보인다. 되돌아보면 길거리에 전동퀵보드가 하나둘 눈에 띄기 시작하고 대여점이 생기기 시작했던 2017년 초는 삼성SDI를 투자하기에 좋은 시기였다.

술을 좋아하는 사람이라면 '테슬라'의 사례를 빼놓을 수가 없을 것이다. '테슬라'는 하이트진로가 새롭게 출시한 맥주 '테라'와 기존 소주 브랜드인 '참이슬'의 합성어로서 테라 맥주와 참이슬 소주를 섞는 하이트진로 '소맥'에 대한 별명이다. '테라'와 더불어 리뉴얼한 진로 소주가 큰 호응을 얻자 하이트진로의 주가는 크게 개선되었다. '테라'가 출시된 2019년 3월 18,000원 내외였던 주가는 2020년 9월 1일 38,000원을 넘어섰으므로 110%가 넘게 오른 셈이다.

삼양식품의 불닭면은 한국을 넘어 동남아, 중국 등지에서 인기를 얻으며 주가가 크게 개선된 사례다. 2012년 삼양식품의 전체 수출액은 218억원에 불과했지만 2019년에는 2,400억원으로 증가했다. 삼양식품의 수출에서 불닭 브랜드가 80%센트 이상을 차지하는 것으로 알려져 있다.[8]

상품의 대중화와 관련해서는 하나하나의 구체적인 소비 품목도 중요하지만, 소비 패턴의 큰 흐름을 읽는 노력도 도움이 된다. 소비와 여가 활동 흐름이 오프라인에서 온라인으로, 개별사업에서 플랫폼으로 변하는 과정에서, 그리고 이번 코로나19로 인한 언택트Untact 문화 확산으로 네이버, 카카오, 아프리카TV 등의 플랫폼 기업의 주가가 크게 상승했다.

대중화와 지역적 확장은 더 많은 사람이 소비하게 된다는 것이 핵심이다. 이것은 2가지 측면에서 의미가 있다. 첫째, 수요가 증가하므로 당연히 매출이 늘고 이익 증대로 이어질 가능성이 높다는 것이다. 둘째, 더 많은 사람이 해당 상품과 기업을 알게 되므로 그 기업의 주식에 관심을 가지게 되는 사람도 늘어난다는 점이다. 소비 생활에 있어 호기심이 많고 남보다 감각이 뛰어난 사람이 있다. 이런 사람은 해당 소비가 대중화되고 확산될 것을 남보다 먼저 알 수 있으므로 주가가 덜 오른 좋은 투자대상을 찾는 데 강점이 있을 수 있다.

그러므로 좋은 투자 아이디어는 어쩌면 증권사의 애널리스트가 쓴 두꺼운 보고서보다는 우리가 살아가는 세상의 변화 속에 있다고 말할 수 있다. 세상의 변화 속에서 시장의 새로운 수요를 만족시키며 빠르게 성장하고 있지만 아직 세상이 잘 몰라주고 있는 기업은, 그러한 가치가 가격에 반영되어 있지 않을 가능성이 높다.

그래서 두꺼운 보고서보다 나의 생활 주변과 세상을 잘 관찰할 때 오히려 더 좋은 투자 아이디어를 찾게 되는 경우가 발생한다. 그런 의미에서 전설적인 투자자인 피터 린치Peter Lynch는 펀드 매니저들이 일반적으로 마트에 잘 가지 않고 쇼핑을 좋아하지 않는다는 점을 지적하며 투자자라면 자신의 생활 주변을 잘 살피라고 얘기한 적이 있다.

그런데 문제는 봐도 모르고 지나치는 경우가 아주 많다는 점이다. 새로 나온 의류건조기와 스타일러가 한창 입소문을 타기 시작한 시점은 해당 제품에서 선도적이었던 LG전자의 투자적기였다. 해외 여행객들의 가방 속에 자신을 위한 것만이 아니라 친구들이 주문한 면세점 화장품이 늘어나기 시작했던 때는 LG생활건강이나 면세점을 가진 호텔신라의 매수 타이밍이었다. 아이들 키를 자라게 하는 효능이 입증된 '아이커'가 엄마들의 입소문을 타기 시작했을 때는 종근당홀딩스에 투자하기 좋은 시점이었다. 그런데 한번 생각해보자. 해당 제품을 소비하며 즐거워했던 사람들 중에 이를 실제 주식투자로 연결했던 사람은 과연 얼마나 될까?

한편 우리 생활과 주변을 돌아보는 습관은 투자성과로도 연결될 뿐만 아니라 세상을 긍정적으로 바라보게 하는 데도 도움이 된다. '이것도 꼭 사야 하나?' '왜 이렇게 가격이 올랐지?' 하고 걱정할 것이 아니라 그 물건을 만드는 회사의 주주가 되면 되는 것이다. 기름 값이 오르면 정유주를 사고, 마트에서 장보기가 무서워질 때는 이마트나 GS리테일과 같은 주식의 투자를 고려해보면 어떨까?

세상은 항상 주식투자자인 우리에게 좋은 투자 아이디어를 알려주고 있다. 다만 우리가 이를 무심코 간과하거나 눈치 채지 못할 뿐이다.

기업가치에 있어서 중장기적으로
가장 중요한 것은 경쟁력!

언젠가 에셋디자인의 한 인턴 사원이 필자에게 이런 질문을 한 적이 있다. "좋은 기업 선택의 기준에서 다 버리고 단 하나만 남긴다면 무엇을 남기시겠습니까?" 필자는 바로 대답했다. "경쟁력!" 당시 필자는 자본주의 사회에서 기업들은 자유로운 경쟁 환경 속에 처해 있기 때문에 무엇보다 경쟁력이야말로 미래의 이익과 가치를 창출하는 원동력이라고 생각했다. 그리고 그 생각은 지금도 변함이 없다.

물론 그 경쟁력을 만들어내는 요소는 기술, 인력, 자본, 생산성, 기업문화, 브랜드 등의 내적인 요소와 더불어 수요 환경 변화, 경쟁 상황 등 외적인 요소까지 다양하다. 또한 시대마다 무엇이 더 중요한지는 계속 변할 수 있다. 지금 시대는 무엇보다 변화가 빠르기 때문에 변화의 속도에 어떻게 대응할 수 있는지, 온라인에 어떻게 대응할 것인지 등 새로운 요소가 부각되고 있다.

워런 버핏은 경제적 해자가 있는 독점적 기업을 유난히 좋아한다. 이러한 기업은 시장 내의 경쟁자가 따라올 수 없는 차별적 경쟁력을 가지고 있고, 물가상승분을 상품 가격에 전가할 수 있는 기업이다.

한국 주식시장에서 2000년대는 화학, 정유, 철강, 조선 등 중후장대형 산업의 전성기였다. 당시 한국 기업들은 떠오르는 중국 바로 옆에 자리 잡은 우월한 입지와, 일본과 대비해 대규모 신식 설비에 바탕한 가격경쟁력 등을 갖추고 있었다. 특히 범용 화학제품이 그랬다. 반면에 스페셜티라고 해서 특수고부가 제품은 일본이 경쟁력이 있었다. 하지만 일본은 화학제품 포트폴리오의 중심을 고부가 제품에 맞추고 범용 제품은 증설하지 않았기 때문에 그들의 범용화학제품 공장은 오래되어 낡았고, 규모가 우리보다 상대적으로 작았다.

그러나 2010년 이후부터 상황이 많이 바뀌었다. 무엇보다 중국 스스로 증설하고 경쟁력을 높였던 것이 가장 큰 문제였다. 정유제품의 경우 중국은 이미 한참 전에 자급률이 100%에 이르러 수입이 아니라 수출을 하는 상황에 이르렀다. 화학제품은 아직 한국의 수입에 의존하고 있지만, 2020년에는 중국 화학제품 전체 평균 자급률이 90%에 이를 것이라는 분석도 있다. 철강 자급률도 이미 오래 전에 100%에 도달했으며, 조선의 경우 석탄 등 원자재를 실어 나르는 벌크선이나 완성품을 운송하는 컨테이너선은 한국 조선사들의 수주를 앞서고 있는 상황이다. 그나마 LNG선과 같은 특수선에서 한국 기업의 경쟁력이 유지되고 있다.

지난 10여 년간의 주가를 보면, 화학과 정유는 제자리걸음이고, 철강과 조선은 오히려 주가 수준이 하락했다. KOSPI 시장이 박스피라고 불리고 10여 년째 제자리걸음을 하고 있는 주요 배경은 여기에 있다.

이에 반해 삼성전자 등 주요 IT 기업, 반도체 관련 기업, 바이오 제약 관련 기업들은 주가 수준이 크게는 10배 이상도 올랐다. 이러한 경쟁력 변화를 잘 살피고 업종 선택에만 주력했어도, 밴드에 갇혀 있던 KOSPI 시장에서도 좋은 투자성과를 거둘 수 있었을 것이다.

기업의 경쟁력과 관련해 몇 가지 살펴볼 점들이 있다. 그것은 환율의 영향력과 정부 보조금 이슈다.

첫째, 수출산업의 비중이 높은 한국 기업들의 경우 환율의 영향력이 크다는 점이다. 원화가 달러 대비 약세가 되면 수출기업에 유리하고, 강세가 되면 불리하다. 그런데 한국의 환율이 변하지 않아도 주변 경쟁국의 환율이 크게 절하되어 상대적으로 불이익을 당하는 경우도 발생한다. 예를 들어 2012년 4분기부터 시작된 아베노믹스는 막대한 돈 풀기를 통해 엔저를 유도했던 것으로 평가된다. 이른바 근린 궁핍화 정책이다. 당시 달러당 80엔 초반이었던 환율은 2015년에는 120엔을 넘어가기도 했다.

둘째, 정부 보조금 이슈가 발생하기도 한다. 중국 기업들의 경우 막대한 정부 보조금에 의해 산업 경쟁력이 유지된다는 견해가 지배적이다. BOE와 같은 디스플레이 기업들은 적자가 심함에도 불구하고 정부의 보조금을 통해 증설을 하고 기술을 개발해왔다. 이제는 중국 기업들이 기존의 전통적인 LCD 디스플레이에서 한국 기업들을 앞서기 시작했고, 신기술인 QLED와 OLED에서도 삼성, LG와 일부 어깨를 나란히 하고 있다는 평가다. 2020년 4월 삼성은 2020년 말까지 LCD 사업에서 철수하고 QLED에 집중하겠다고 발표했다.

실제 투자에 있어서도 기업 경쟁력 이슈는 중요한 포인트가 된다. 성장주 투자와 테마주 투자를 가르는 것은 바로 경쟁력과 기업이익이다. 성장주는 미래에 이익이나 기업 가치가 실제로 성장하는 기업이고, 테마주는 설령 급성장하는 산업 내에는 있어도 경쟁력이 없어서 이익이나 기업가치가 성장하지 못하는 경우라고 할 수 있다. 테마주는 나중에 반드시 주가가 하락하므로 높은 주가 수준에서 매수하지 않도록 각별히 조심해야 한다.

피터 린치는 기업을 선정할 때 경쟁력을 아주 중요시했던 투자자이다. 그는 탐방할 때 이런 질문을 던졌다고 한다. "경쟁사 중에 가장 존경하는 회사는 어디입니까?" 피터 린치는 이러한 질문을 통해 탐방을 간 기업보다 더 좋은 투자대상을 발견하기도 했다.

투자에 도움이 되는 종목 분석 노하우

주식투자자가 알아두면 좋은 종목 분석 노하우를 2가지 소개하고자 한다.

첫 번째 노하우는 영업 레버리지 효과를 잘 살펴보라는 것이다. 농심의 사례를 통해 내용을 쉽게 이해해보자.

2020년 1분기 농심이 9%대의 영업이익률을 기록해 화제가 되었다. 2019년 1분기 농심은 5.4%의 영업이익률을 달성했다. 2020년 1분기 매출은 전년동기 대비 16.8% 늘어났는데, 영업이익은 무려 101.1%가 늘어났다. 어떻게 이런 일이 가능할까?

답은 매출이 늘어날 때 이에 비례해서 늘지 않는 고정비 효과에 있다. 원재료와 포장재 등과 같이 매출이 늘어날 때 그에 비례해서 늘어나는 비용은 변동비다. 하지만 예를 들어 본사 관리

직원 급여는 매출이 늘어난다고 해서 단기에는 거의 늘지 않을 가능성이 높다.

농심의 1분기 사업보고서를 보면, 매출이 16.8% 늘어날 때 상품 제조를 위해 직접적으로 소요된 '매출원가' 증가율은 12.9%로 매출 증가율을 하회했다. '매출원가' 중에도 고정비성 비용이 포함되어 있었던 것이다. 예를 들어 생산량이 늘어난다고 해서 공장의 생산인력을 일부 증원할 수는 있어도 매출이 늘어난 만큼 비례적으로 늘리지는 않을 것이다. 판매와 관리 등 제조 이후의 비용을 모두 포함한 '판매비와 관리비'를 보면 전년동기 대비 9.8% 늘어나는 데 그친다. 역시 판매 증가에 따라 비례적으로 늘지 않는 고정비성 항목이 포함되어 있기 때문이다.

매출에서 '매출원가'와 '판매비와 관리비', 이 두 비용을 차감하면 그것이 바로 영업이익이다. 두 비용 속에 숨어 있던 고정비성 비용의 효과가 겹쳐지며 영업이익이 100% 넘게 증가하게 된 것이다.

이와 같은 영업 레버리지 효과는 다른 말로 '규모의 경제 효과'라고도 불린다. 그런데 기업의 비용 요소 중에서 고정비를 정확하게 분류하기가 힘들기 때문에 애널리스트가 아무리 정확하게 기업이익을 추정하려 노력해도 잘 맞지 않는 원인이 된다.

매출이 증가할 때는 이러한 영업 레버리지 효과 때문에 매출 증가보다 이익 증가가 더 크게 나타난다. 시장은 이를 서프라이즈로 받아들이고 실적이 나온 후에 주가가 더 크게 오르는 경우도 발생한다.

　그러면 반대로 매출이 감소하면? 이번에는 영업 레버리지 효과가 반대로 작용한다. '매출이 겨우 10% 감소할 텐데' 하고 안도하고 있다가 영업이익이 그보다 훨씬 더 크게 부진해서 주가도 크게 하락하는 경우가 발생한다. 그래서 매출이 빠지는 기업은 각별히 조심해야 한다. 어쩌면 이러한 현상들은 사람들이 기본적으로 성장하는 기업을 선호하는 이유가 될지도 모르겠다.

　두 번째 노하우는, 1등 기업과 2등 기업에 대한 것이다. 여기 A, B의 두 기업이 있다고 가정해보자. 두 기업 모두 하나의 제품만을 만들어 파는데 그 제품은 차별화가 어려운 비슷한 범용 제품이다. 또한 두 회사의 제품 판가도 1만원으로 같고, 판매량도 같다고 가정하자. 다만 A기업은 생산성이 좋고 비용을 더 잘 관

〈표 2-1〉 2020년 1분기 농심 연결 손익계산서

(단위 : 억원)

	2020년 1분기	2019년 1분기	전년동기 대비(YoY, %)
매출액	6,877	5,886	16.8
매출원가	4,594	4,070	12.9
판매비와 관리비	1,647	1,500	9.8
영업이익	636	316	101.1
영업이익률(%)	9.2	5.4	

자료 : DART

리해 수익성이 B기업보다 좋아서, A기업이 개당 2천원의 영업이익을 기록할 때 B기업은 개당 영업이익이 1천원에 불과하다. 이때 다른 조건은 그대로이고, 호황기가 되어 판가만 10% 올라서 1만 1천원이 되었다고 하자. 그렇다면 당신은 어느 기업의 주식을 사겠는가?

다른 조건이 그대로이므로, 판매가격 상승이 두 기업 모두에게 그대로 이익으로 바뀐다. A기업의 경우에는 개당 영업이익이 2천원에서 3천원이 되고, 전사 이익은 50% 증가한다. B기업의 경우에는 개당 영업이익이 1천원에서 2천원이 되고, 전사 이익은 100% 증대된다.

앗! 1등 기업이 아니라 2등 기업에서 이익성장이 더 가파르다. 당연히 2등 기업의 주가가 더 많이 오를 확률이 높다. 항상 1등 기업을 사는 것이 유리할 것 같은, 우리의 상식과는 다른 현상이 전개되는 순간이다.

그러면 반대로 불황기가 되거나 상황이 악화되어 판가가 하락한다면 어떻게 될까? 이번에는 반대로 이익의 절대 규모가 더 큰 1등 기업의 이익 감소율이 더 작고, 전체 이익 규모가 작은 2등 기업의 이익 감소율이 더 크게 나타난다. 2등 기업의 주가하락폭이 더 크게 나타날 가능성이 높아지는 순간이다.

당신은 1등 기업과 2등 기업 중 어느 주식이 더 구미에 당기는가? 2등 기업은 1등 기업 대비 주가의 변동성이 크게 나타난다. 하이 리스크, 하이 리턴이다.

저성장과 경제위기 시대에는
'정부의 정책'을 보라

〈표 2-2〉는 2014년부터 2019년까지 한국의 GDP와 지출항목별 연간 성장률을 나타내고 있다. 이를 보면 성장률이 떨어질수록 정부소비의 역할이 더 중요해지는 추세가 있음을 알 수 있다. 한국의 경제성장률이 떨어지는 가장 큰 이유는, 소득이 정체되고 경기가 둔화되는 가운데 민간의 소비와 기업의 투자가 둔화되었기 때문이다.

〈표 2-2〉 한국 국내총생산과 지출항목별 연간 성장률

(전년 대비, 단위 : %)

	2014	2015	2016	2017	2018	2019
국내총생산(GDP)	3.2	2.8	2.9	3.2	2.7	2.0
민간소비	2.0	2.0	2.6	2.8	2.8	1.9
정부소비	4.3	3.8	4.4	3.9	5.6	6.5
건설투자	1.4	6.9	10.0	7.3	−4.3	−3.3
설비투자	5.1	5.1	2.6	16.5	−2.4	−8.1
지식생산물투자	4.5	2.0	4.0	6.5	2.2	2.7
재고증감*	0.2	0.4	−0.1	0.4	0.2	0.3
수출	2.1	0.2	2.4	2.3	3.7	1.5
수입	1.3	2.1	5.2	8.9	0.8	−0.6

자료 : 한국은행
* 재고증감은 GDP에 대한 성장 기여도 기준

빚을 내고자 해도 가계는 부동산대출이 목에 차 있고, 투자 여력이 있는 기업은 현금만 잔뜩 쌓아놓고 있는 상황이다. 이제는 정부가 나서서 그 부족한 유효수요를 메꾸기 위해 노력하고 있는데, 정부도 세수가 부족하기에 채권 발행을 늘리고 있다. 그에 따라 GDP 대비 국가 채무는 2013년 32.6%에서 2016년 36%, 2019년 38.1%로 계속해서 높아졌고, 2020년은 42~43%까지 높아질 전망이다.[9]

정부 지출 안에서도 줄어들고 늘어나는 항목에 따라 차이가 확연하다. 2019년 8월 기획재정부에서 발표한 2020년 예산안 (표 2-3)에 따르면 정부의 관심과 지출이 어디에 집중되고 있는지를 알 수 있다. 특히 예산증가가 눈에 띄는 항목은 일자리, 환경, R&D, 그리고 산업·중소기업·에너지 등의 분야이다.

문재인 정부는 2020년 7월 16일, 2025년까지 73.4조원을 투자해 일자리 66만개를 창출한다는 '그린 뉴딜'을 발표했다. 이는 코로나19로 둔화되는 국내의 경기를 살리고 앞으로의 미래 먹거리도 확보하기 위해 일자리, 친환경, 산업, R&D를 한데 묶고 예산을 증액한 것으로 평가된다. 도시·공간··생활, 인프라 녹색 전환, 저탄소·분산형 에너지 확산 등의 슬로건 하에 여러 가지 사업이 포함된다.

특히 이번 그린 뉴딜에서 눈에 띄는 것은 전기차, 수소차, 그리고 풍력 등에 관련된 내용이다. 2025년까진 전기차 113만대, 수소차 20만대를 누적 보급하고, 역시 2025년까지 태양광과 풍력

설비를 2019년의 3배 이상으로 확대한다는 등의 내용이 포함되어 있다. 이러한 발표를 전후해 관련주들의 주가가 크게 상승하기도 했다.

한편 2019년 기준으로 전체 GDP에서 민간 소비지출이 49%

〈표 2-3〉 정부 예산안 및 분야별 재원배분(2019-2020년)

(단위 : 조원)

구분	2019년	2020년	증감	증가율(YoY, %)
총지출	469.6	513.5	43.9	9.3
1. 보건·복지·노동	161	181.6	20.6	12.8
※ 일자리	21.2	25.8	4.5	21.3
2. 교육	70.6	72.5	1.8	2.6
※ 지방교육재정교부금	55.2	55.5	0.3	0.5
3. 문화·체육·관광	7.2	8	0.7	9.9
4. 환경	7.4	8.8	1.4	19.3
5. R&D	20.5	24.1	3.6	17.3
6. 산업·중소기업·에너지	18.8	23.9	5.2	27.5
7. SOC	19.8	22.3	2.6	12.9
8. 농림·수산·식품	20.0	21.0	0.9	4.7
9. 국방	46.7	50.2	3.5	7.4
10. 외교·통일	5.1	5.5	0.5	9.2
11. 공공질서·안전	20.1	20.9	0.8	4.0
12. 일반·지방행정	76.6	80.5	3.9	5.1
※ 지방교부세	52.5	52.3	−0.2	−0.3

자료 : 기획재정부 (2019.8)

를 차지하고, 정부 소비지출은 17%를 차지해 정부 지출의 역할이 생각보다 제한적이지 않느냐는 의견도 가능하다. 경제 전체에서 차지하는 비중과 영향력은 당연히 민간의 소비지출이 크지만, 정부 지출이 작용하는 미세한 부분 부분에 있어서는 증가하는 정부 지출의 영향력이 막대하다. 경제성장률이 둔화되고 성장이 귀한 시대인 지금, 증가 추세에 있는 정부 지출에 의해 그 부분 부분들이 고성장 산업이 될 수 있기 때문이다.

자본주의는 기본적으로 성장을 좋아하고 역성장을 싫어한다. 성장은 생명이고 역성장은 죽음이다. 그래서 성장하는지 그렇지 못한지의 미세한 차이를 시장은 크게 받아들인다. 게다가 4% 성장과 5% 성장은 25% 차이이지만, 1%와 2%는 100% 차이다. 같은 1% 차이를 저성장 시기에는 더 크게 받아들이게 된다. 이에 따라 관심을 받는 한쪽은 과대평가되고, 그렇지 못한 다른 한쪽은 과소평가되는 면이 발생할 수 있다. 가치주와 성장주의 괴리율이 높아지는 것과 일맥상통하는 현상이다.

최근 한국의 경제성장률이 2%대로 둔화되었다. 반면 2019년 8월에 발표된 수치로도 정부 예산은 2020년 9% 성장하고 그 안에서 정부의 관심이 높은 환경, R&D, 산업·중소기업·에너지 등의 분야는 10% 후반에서 20%대로 예산이 증가한다. 아직 구체적인 연간 집행 계획 등이 나오지는 않았지만, 이번 '그린뉴딜'에서 집중적으로 조명을 받고 있는 전기차, 수소차 등의 산업에 대해서는 기존 전망치를 뛰어넘는 지출 증대가 예상된다.

저성장 국면 내지는 경제위기 때는 정부의 입을 잘 살펴봐야한다. 2008년 금융위기 시절, 소방수로 나선 중국정부의 입을 전세계 투자자들이 주목했다. 2020년 6월 독일은 '국가수소전략'을 발표하며 본격적인 수소산업 육성을 위한 로드맵을 제시했다. 2020년 7월 한국정부는 '그린 뉴딜'을 제시했다. 저성장과 위기 때는 가계와 기업은 지갑을 닫는다. 하지만 정부는 오히려 곳간을 열고 큰 정부가 된다.

성장이 드문 시대에 정부의 지출증가는 단비와 같다. 정부가 부채를 늘릴 수 있는 동안 경제는 행복하다. 하지만 뒤로는 부채가 쌓인다.

3장

수익의 안정성을 지켜주는
리스크 관리

투자는 잘 버는 것도 중요하지만, 잘 지키는 것이 더 중요합니다. 이른바 리스크 관리입니다. 투자의 대가 워런 버핏의 투자 제1, 제2원칙은 모두 '돈을 잃지 마라'입니다. 한번 잃으면 더 많이 벌어야 하기에 원금회복이 힘들고, 심리가 무너져서 더욱 위험한 베팅을 하게 될 수 있음을 경계한 말이라고 생각됩니다. 그래서 우리는 실패해도 잃을 확률이 낮고 성공하면 큰 수익이 가능한 의사판단을 누적시켜 나가야 합니다.

그러기 위해서는 우선 아는 것에 집중해야 합니다. 안다는 것은 기업의 가치를 잘 안다는 것이고, 그 기업을 둘러싼 뉴스나 이슈가 발생했을 때 행간의 의미를 읽을 수 있는 능력을 갖추고 있어야 한다는 것을 의미합니다. 종목을 잘 알고 확신을 가지고 투자해도 가격변동성을 이겨내기 힘든 경우가 많습니다. 만약 잘 모르는 기업이라면 가격이 조금만 변해도 인지 부조화 상태에 빠져서 이를 팔아버리게 될 가능성이 높습니다.

잘 아는 상태를 유지하기 위해서는 너무 많은 종목을 편입해서는 안 됩니다. 그리고 아무리 노력해도 하나의 기업에 대해, 그리고 시장의 변화에 대해 모든 것을 다 알 수는 없음을 인정하는 태도를 갖는 것도 중요합니다. 어차피 모든 투자는 불확실성 속의 의사결정일 뿐이므로 자신이 잘 모르는 부분에 대해서는, 겸손하고 무리하게 베팅하지 않는 태도를 갖는 것이 필요합니다.

실패에서 배우는 사람은 그래도 많이 있습니다. 하지만 성공 속에서 배우는 사람은 극히 드뭅니다. 이전의 성공이 진정한 자신의 실력이 아닌, 좋은 시장 흐름과 운에 따른 것이었다고 할 때 잘못된 성공 공식에 매몰되어 이후에 더 큰 실패에 빠지게 될 수도 있습니다. 그러므로 우리는 실패에서 배워야 하지만 성공에서도 배워야 합니다. 투자를 하는 것은 수익을 얻기 위함입니다.

돈을 벌고자 하는 욕심은 당연하지만, 이것이 지나치지 않도록 잘 관리할 필요가 있습니다. 탐욕에 빠지면 맹목적이 될 가능성이 높습니다. 지나친 관심도 오히려 화가 됩니다. 사람은 수익에 대한 기쁨보다 손실에 대한 고통이 2.5배에 달하기 때문에 주가를 너무 자주 확인하면 심리적인 마이너스 상태에 빠져 이성적인 판단을 하지 못하게 됩니다.

세상에 공짜 점심은 없습니다. 높은 투자수익률을 제시하는 상품 속에 숨어 있는 리스크를 발견하는 노력도 필요합니다. 이번 장을 통해 수익을 잘 지키는 방법들에 대해 고민해봅시다.

주식투자는
지키는 것이 먼저다

세계적인 투자자 워런 버핏의 투자 제1원칙은 '잃지 않는다'이고, 제2원칙은 '첫째 원칙을 지킨다'이다. 투자는 벌자고 하는 행위다. 그런데 세계적인 투자자의 첫째 원칙, 둘째 원칙마저 '잃지 않는다'라는 것은 이상하게 생각될 수도 있다. 그만큼 그것이 중요하다는 의미일 것이다. '잃지 않는다'에 대해서는 여러 가지 해석이 가능할 수 있다.

첫째는, 한 번 잃으면 회복은 더욱 힘들기 때문에 잃지 않도록 노력해야 한다는 의미이다.

주가가 50% 빠졌을 때 원금을 회복하려면 바닥에서 100% 올라야 한다. 주가가 50% 빠진 상태에서 50% 오르면 원금의 75%로 여전히 손실 상태이다.

이번엔 조금 다르게 생각해보자. 투자를 해서 매 기간마다 +20%, -20%, +30%, -30%의 수익을 얻었다. 눈으로 쓱 보면 오른 만큼 내린 것 같으니 전체 수익률이 0%인가? 아니다. 있는 그대로 더하는 것은 '산술 평균'을 구하기 위한 방식인데, 이를 투자수익률에 적용해서는 안 된다. 정확한 투자수익률은 '기하 평균'의 방식을 활용해서 계산해야 한다. 이 경우 기간 전체의 수익률은 '$(1+0.2) \times (1-0.2) \times (1+0.3) \times (1-0.3)-1$'이 되고, 그 값은 -0.1264가 되므로 정확한 투자수익률은 -12.64%가 된다. 이처럼 마이너스 수익률을 플러스 수익률로 만들기 위해서는 더 많은 주가상승이 필요하기 때문에 우선 잃지 않도록 주의해야 한다.

둘째는, 잃지 않을 확률이 높은 주가 수준에서 투자해야 한다는 의미이다.

누군가는 미래의 주가는 아무도 모르는 것이기에, 당장 내일 주가가 오를 확률도 내릴 확률도 50%가 아니냐며, 이 말에 동의하지 않을 수도 있다. 만약 학문적 견해에 따르면 주가는 랜덤워크Random Walk를 따르며 주가의 미래를 예측하는 행위에는 실질적 효과가 없다. 하지만 현실은 좀 다르다. 주가는 가치보다 많이 앞서가는 경우도 있고, 가치에서 한참 뒤쳐져 있는 경우도 있다. 과매수와 과매도는 일상다반사이고, 시장은 흔히 탐욕에 빠지거나 공포에 빠진다. 주식시장이 학문적 주장과 다르게 움직이는 것은 사람에겐 이성과 감정이 함께 있기 때문이다.

학문에서는 인간을 이성적이라고 가정하고 감정이 존재한다는 것을 고려하지 않는다. '잃지 않을 확률이 높다'는 것은 과매도 상태이거나, 가치 대비 가격이 너무 싸거나, 혹은 기업 내의 현금성 자산 등 안전마진이 확보된 상태를 의미한다. 이럴 경우 일반적으로 주가는 오를 가능성이 높고 떨어질 가능성은 낮으며, 주가가 빠져도 많이 빠지지 않는다.

셋째는, 한 번 잃으면 심리적으로 조급해져서 투자가 무리해질 수 있음을 경계하는 의미이다.

도박장에서 돈을 한번 잃으면 본전을 회복하려는 욕심이 앞서서 그 이후의 베팅이 점점 더 무모해지는 경우가 많다고 한다. 특히 거의 다 잃고 마지막 남은 돈은, 배당이 높아 원금을 한 번에 회복할 수 있지만 확률은 낮은 곳에 올인하는 것이 인간의 심리라고 알려져 있다. 이처럼 심리를 건강한 상태로 온전히 보전하기 위해서도 처음부터 돈을 잃지 않는 것이 중요하다. 흔히들 욕심을 비우라고 한다. 욕심이 마음속에 꽉 차면 우리는 봐도 보지 못하고 들어도 듣지 못하는 맹목적인 상태가 되고 만다.

투자에서 잃지 않으려면, 자신만의 투자 원칙을 세우고 이를 잘 지켜서 호흡을 잘 유지해야 한다. 또한 최선이 아니라 최악을 가정하고 시장에 임하며, 무리하지 않는 태도를 유지할 필요가 있다. "쉬는 것도 투자다"라는 말이 있는 것처럼 좋은 투자대상이 보이지 않거나 나에게 시장이 잘 맞지 않으면 과감히 이를 인정하는 태도도 중요하다.

하지만 이는 생각보다 쉽지 않다. 그래서 개인투자자 중에는 손실을 입는 경우가 많다. 실천이 어렵기 때문이다. 조세재정연구원이 2009년부터 2020년까지의 11년간 11개 금융투자회사가 보유한 개인 증권계좌의 손익을 분석해 평균화한 결과, 개인 주식투자자 600만명 가운데 약 40%가 연간 기준으로 원금손실을 기록한 것으로 집계됐다고 한다.[10]

모르는 것보다는
아는 것에 집중하라

개인투자자들의 경우 500만원을 벌기 위해 한달 내내 일하지만, 500만원을 투자하기 위해 10분도 고민하지 않는 경우가 많다. "아는 것에 집중하라"는 말은 돈을 벌기 위한 욕망 앞에 귀찮은 잔소리에 불과해지는 순간이다. 500만원짜리 냉장고를 살 때 꼼꼼히 따져보던 그 현명함이 왜 500만원어치 주식 앞에서는 사라지는지 신기할 따름이다.

그런데 '어느 정도 알아야' 제대로 안다고 할 수 있는 것일까? 아는 것에 집중하면 어떤 장점이 있는 것일까?

첫째, 모든 투자는 가치 대비 싼 가격에 사고자 하는 노력이므로 '가치를 알아야 한다'는 점을 먼저 얘기할 수 있다. 가치는 추상적인 개념이고 수학적으로 정확히 계산하기는 어렵다. 하지만 '가치를 보는 눈'이 남보다 빠르면 투자는 아주 쉬워진다. 남들이 가치를 느끼지 못할 때 사서 기다리면 되는 것이다. 대중이 가치를 알아주기 시작할 때 가격은 가치로 수렴된다.

일본의 사와카미 펀드를 만든 사와카미 아쓰토는 이런 말을 한 적이 있다.

"부자는 평상시에도 '자신이 잘 이해할 수 있고 언젠가는 세상이 가치 있다고 인정해줄 것'을 판별하는 능력을 높이는 노력을 게을리하지 않는다. 그러한 날들의 노력이 쌓여 자신의 자산을 불리는 토대가 되어간다."[11]

둘째, 행간의 의미를 파악하는 노력을 해야 한다. 그저 누구나 접할 수 있는 회사의 뉴스나 실적 자료만 보아서는 그 기업을 안다고 할 수 없다. 예를 들어 증설이나 인수합병을 발표할 때, 그것이 회사에 긍정적인지 부정적인지 해석할 수 있는 힘이 필요하다.

행간의 의미를 알기 위해서는 곰곰이 생각하고 성찰하는 습관을 가져야 한다. 깊은 생각과 고민에서 나온 한 줄이 성공과 실패를 가르는 큰 분기점이 된다. 앙드레 코스톨라니는 전문 머니매니저들의 성과가 좋지 않은 이유에 대해 그들이 하루 종일 차트와 사업보고서만 들여다보느라 정작 가장 중요한 '생각하는 시간'이 없기 때문이라고 말한 적이 있다.

셋째, 잘 모르고 확신이 없는 기업에 투자해서는 주가의 변동성을 이겨낼 수 없다. 처음에는 확신이 들어도 주가가 하락하면 마음이 흔들리는 것이 사람인데, 하물며 잘 모르는 종목에서는 어떻겠는가? 주가가 빠지면 괴로움으로 인해 인식과 현실이 어긋나는 인지부조화 상태에 빠지게 된다. 결국 '내가 잘못 판단했겠지'라며 현실에 맞추어 인식을 바꾼 후 나도 모르게 손절해버리는 경우를 주식투자를 해본 사람이라면 모두 한 번 이상 겪어보았을 것이다.

넷째, 너무 많은 종목을 편입해서는 그 종목들을 다 안다고 말하기는 어려워진다. 『전설로 떠나는 월가의 영웅』의 저자 피터 린치는 마젤란 펀드를 운용하며 시장을 이기는 훌륭한 투자성과를 거둔 것으로 유명하다. 하지만 그도 1990년 은퇴하기 직전에 포트폴리오에 1천 개가 넘는 종목을 편입한 상태였다고 한다. 그 많은 종목을 그가 모두 파악해 제대로 대응했을까? 지나치게 많은 편입 종목과 그의 은퇴에는 분명 관련성이 있어 보인다.

다섯째, 우리가 아무리 노력해도 모든 것을 다 알고 투자할 수 없다. 결국은 불확실성 안에서의 의사결정일 뿐이다. 내가 모르는 위험이 있을 수 있고, 시장은 언제라도 급격하게 변동할 수 있다는 것을 인정해야 한다. 우리는 기업을, 산업을 그리고 세상을 생각보다 잘 모르고 투자한다.

결국 투자에서 성공해도 100% 나의 실력이 아니라 시장이 좋았고, 일정 부분 운이 좋았음을 받아들여야 한다. 나심 니콜라스 탈렙Nassim Nicholas Taleb은 "너의 실력이 아니라 운이다"라고 거듭 강조했다. 그는 저서 『행운에 속지 마라』에서 "실패는 운이라고 생각하지만, 성공을 운으로 받아들이는 사람은 아무도 없다"고

역설한다.[12]

주식시장이 마음먹은 대로 되지 않음을 제대로 깨닫는 데는 꽤 오랜 시간이 걸린다. 모든 것을 다 알 수 없기에 운도 어느 정도 따라주어야 한다. 하지만 성공확률을 조금이라도 높이기 위해서 우리가 우선 할 수 있는 최선의 선택은 '아는 것에 집중'하는 일이다. 즉 불확실해도 위험이 작은 판단들을 누적해서 선택해 나가야 한다.

외국계 은행에서 외환딜러를 담당하는 필자의 친구는 한국에서 세 손가락 안에 드는 규모를 운용하는 베테랑 트레이더이다. 얼마 전 그에게 뛰어난 성과를 거둔 비결을 물어본 적이 있다. 친구의 답은 다음과 같았다.

"내가 생각한 방향대로 가지 않을 때는 포지션을 우선 줄이고 지켜보는 거지. 시장이 왜 그렇게 움직이는지 모르는 상황에서 손실이 크게 터지는 경우가 많으니까."

아무리 기업 리서치를 열심히 하고 시장에 대한 연구를 열심히 해도 가격변화에 대해 그 이유를 알지 못하는 경우는 흔히 발생한다. 그러므로 모른다는 사실 자체가 큰 문제가 되지는 않는다. 그 모르는 것에 어떻게 대응하는지가 핵심이다.

미국의 대문호 마크 트웨인은 "모르는 것은 문제가 되지 않는다. 모르는 것을 안다고 확신하는 것이 문제다"라고 말했다.[13]

'자신이 모른다는 것을 모르는 오류'는 나심 탈렙의 책『블랙스완』에서도 언급된 적이 있다.

모른다는 것을 모른다고 인정하는 것! 간단하지만 어려운 일이다. 동양의 지혜에 따르면 모른다는 고백이 용기이고, 겸손이 최고의 현명함이다.『주역』은 64괘卦로 세상의 변화를 설명한다. 그 64괘 중에서 모든 효爻, 괘를 구성하는 6개의 가로획가 길한 유일한 괘상이 겸謙괘다. 겸손 속에는 '자기 중심이 있되 유연하라' '시장에 맞서지 말고 대응하라' '끊임없이 반성하고 성찰하라' '자만하면 운이 떠난다' 등의 지혜가 담겨져 있다.

한편 아는 정도가 깊어지면 생각이 명확해지며, 투자해야 하는 이유가 한 줄로 정리되는 경우가 많다. 필자의 경험상 '투자회수기' '원가하락의 지속' '금리하락으로 고배당주 부각' '기술난이도 상승으로 반도체 과점화 시기 도래' '물량의 안정적 성장으로 영업 레버리지 효과 증대' 등 투자 콘셉트가 한 줄로 정리되었던 종목에서 투자성과가 좋았다.

나에게 콘셉트가 명확하다면 남들에게도 마찬가지일 것이다. 한 줄로 명확히 정리되는 투자 콘셉트는 더 많은 투자자를 설득하고, 더 많은 돈이 그 종목으로 몰려오게 할 가능성이 높다.

영화『레옹』을 보면, 킬러도 하수는 멀리서 공격하고 고수일수록 타깃에 더 가깝게 접근한다고 한다. 무협지를 보면 최고수의 무공은 '일양지一陽指'처럼 단순하고 간결하다. 우리 마음에 큰 반향을 남기는 것은 구구절절한 말이 아니라 촌철살인이다.

그러므로 기업 내용의 디테일을 무시할 수는 없지만 너무 많은 내용 가운데 헤매고 있는 것은 아닌지 가끔은 자신을 돌아봐야 한다. 같은 이치로 너무 많은 종목을 보는 것이 때론 해로울 수 있다. 우리에게 필요한 것은 부분과 전체를 함께 살피는 사고의 밸런스이며, 분석을 넘어선 성찰의 시간이다. 차분히 생각하는 가운데 앎이 깊어지면 투자성과가 개선될 가능성이 높다.

인지부조화와 확증편향

투자를 하면서 가장 조심해야 할 2가지 심리적 상태가 바로 인지부조화Cognitive Dissonance와 확증편향Confirmation Bias이다. 인지부조화는 신념인지을 너무 일찍 꺾어서 문제가 되고, 반대로 확증편향은 신념인지을 끝까지 고수해서 문제가 된다.

인지부조화란 신념과 '실제로 일어난 일' 사이에 불일치가 발생한 상태를 의미한다. 이렇게 되면 뇌는 '안와전두피질'에 즉시 오류가 발생했음을 보고한다. 그런데 '안와전두피질'은 두려움 회로인 '편도체'에 직접적으로 연결되어 있다.[14] 그래서 인지부조화 상태에서는 두려움을 느끼고 고통을 겪게 된다.

투자에서 인지부조화가 중요한 이유는 주가하락이 인지부조화로 연결될 가능성이 높기 때문이다. 주가가 오른다고 샀는데,

주가가 내릴 경우 신념과 현실 사이에 불일치가 발생한다. 사자마자 오르기만 하는 주식은 많지 않다. 두려움과 고통 속에서의 해법은 2가지이다. 첫째, 나의 신념^{인지}을 현실에 맞추는 방법이다. '잘못 생각했네' 하고 주식을 팔아버리는 것이다. 둘째, 끝까지 신념을 고수하는 방법이다. 좋은 기업을 잘 판단해서 매수했다면 신념을 지키는 것이 옳은 선택이 된다.

확증편향은 자신의 신념과 일치하는 정보는 받아들이고 일치하지 않는 정보는 무시하는 경향을 말한다. 즉 보고 싶은 것만 보고, 듣고 싶은 것만 듣는 상태를 말한다. 그 신념을 버려야 하는 명백한 반증이 나와도 이를 거부하기도 한다. 흔히 전문가들도 자신의 신념을 수정할 경우, 이전에 했던 자신의 말을 부정해야 하므로 이러한 확증편향에 빠지는 경우가 많다고 한다.

"주식과 사랑에 빠지지 마라"는 말은 확증편향을 경계한 금언이다. 한 종목을 너무 좋게 보면 그 이후에는 그에 관해 안 좋은 뉴스나 소식이 나와도 이를 무시하게 된다. 또한 투자비중이 높아질수록 확증편향에 빠질 가능성이 높다는 견해도 있다.

성공적인 투자로 향하는 길은 인지부조화와 확증편향의 사이에 난 좁은 길이다. 그래서 걸어가는 사람이 적고, 성공하는 사람도 적다. 앙드레 코스톨라니가 말했듯이 투자자는 단단하기도 하고, 유연하기도 해야 한다. 나를 돌아보지 않으면 내가 지금 인지부조화 상태인지 아니면 확증편향 상태인지 알기 어렵다. 투자가 분석만으로 되지 않는 이유가, 성찰이 필요한 이유가 여기에 있다.

실패에서 배우고,
성공에서는 더 많이 배워라

주식투자에 있어서는 누구나 실패를 경험한다. 편입하는 모든 종목에서 성공하기는 정말 어려운 일이다. 주식시장에서 실수와 실패는 정말 일상다반사와 같다. 그래서 성공의 비율을 높이는 것이 수익을 높이는 비결이 된다.

종목 10개를 선택해서 동일한 비중으로 투자했다고 할 때, 대략적으로 계산해 성공하는 종목수가 6개를 넘어가면서 수익이 나기 시작한다. 7개가 넘어가면 꽤 훌륭한 투자자이고, 만약 8개가 성공한다면 위대한 투자자에 가까워진다. 그런데 가만히 있어서는 그 성과가 유지되지 않는다. 시장의 환경과 성격이 변하기 때문이다.

2가지 노력이 같이 병행되어야 한다. 성공은 유지하고, 실패는 성공으로 바꾸는 노력이다. 실패했던 사례에서는 교훈을 찾아 그것을 성공으로 만들고, 성공했던 사례에서도 진정한 성공의 원인을 찾아서 그것이 잘 유지되도록 해야 한다.

하지만 이는 쉽지 않은 작업이다. 사람들은 '성공하면 내 덕분, 실패하면 남 탓'을 하며 실패를 통해 잘 배우지 않는 경향이 있다. 우리는 선천적으로 깊이 생각하기를 싫어하고 우리의 사고는 습관에 사로잡혀 있는 경우가 많다.

실패를 통해서 배우는 것은 사람마다 등급의 차이가 있다. 가장 낮은 단계의 사람은 큰 실패를 통해서야 비로소 배우는 사람이다. 큰 실패를 통한 아픔 속에서 비로소 자신을 돌아보고 문제의 원인을 발견하게 되는 경우다. 자만심에 빠져 실패를 되풀이하던 사람도 이러한 과정을 통해 실패의 늪에서 빠져나와 성공할 수 있는 길로 접어들게 된다. 실패가 비로소 성공의 어머니가 되는 순간이다.

중간 단계의 사람은 작은 실패에서도 배우는 사람이다. 이런 사람은 작은 실패의 원인도 잘 분석해서 그러한 실수가 되풀이되지 않도록 노력한다. 오답노트를 쓰듯, 실패한 투자 사례를 꼼꼼히 기록하며 돌이켜보는 경우도 있다. 이처럼 자신의 실패에서 배우는 자세는 더 나은 성과를 만들어내는 밑거름이 된다.

최고 등급의 사람은 나의 실패뿐 아니라 남의 실패에서도 배우는 사람이다. 이들은 그래서 독서에 집중한다. 워런 버핏은 일하는 시간의 80%를 독서에 매진한다고 한다. 독서는 자신의 생각을 발전시키는 한편, 남의 실수로부터도 배우는 시간이다. 투자의 성공은, 깊은 생각의 한 줄을 통해 이루어지는 경우가 많다. 하워드 막스는 이를 통찰력 있는 사고 또는 '2차적 사고 second-level thinking'라고 부른다.

이처럼 실패에서 배우는 것은 아주 중요하다. 그런데 주식투자에 있어서는 어쩌면 성공에서 배우는 것이 더 중요하다고 생각한다. 왜냐하면 실패에서 배우는 사람은 그래도 많은데, 성공에서 배우는 사람은 아주 드물고 귀하기 때문이다. 주식투자에 성공하면 그 성공이 자기의 실력 때문이라고 생각하는 투자자는 아마 100이면 99를 차지할 것이다.

짐 로저스는 이렇게 말한 적이 있다. "강세장만 오면 사람들은 자신이 똑똑하다고 생각한다. 강세장에서 자신이 똑똑하다고 착각하는 사람이 얼마나 많은지 놀라울 정도다."[15] 미국의 경제학자 존 케네스 갤브레이스John Kenneth Galbraith, 1908~2006는 "천재는 당신이 아니라 강세장이다"라는 말을 남겼다.[16]

실패할 때 이를 돌이켜보는 사람은 있어도, 성공했을 때 그 성공 원인을 꼼꼼히 생각해보는 이는 극히 드물다. 그런데 그 성공이 진정한 자신의 실력이나 노력이 아닌 시장과 운 덕분이었다면 어떻게 될까?

이럴 때 그 사람은 자신의 실력을 과신하게 되고, 지속되지 못할 성공 공식에 매몰되어버릴 수도 있다. 이를 통해 처음의 성공보다 더 큰 훗날의 실패를 초래하게 될 수도 있다. 그래서 성공의 가장 큰 적은 작은 성공이며, 실패보다 준비 안 된 성공이 더욱 위험한 것이다. 켄 피셔의 말처럼 우리는 평소에 긍지보다는 후회를 쌓아가야 한다.

주식투자는 학교의 필기시험과는 다르다. 학교 시험 성적은 나의 실력에 수렴하겠지만 주식의 성과는 반드시 그렇지는 않다. 시장 상황과 운이 생각보다 크게 작용하기 때문이다. 작은 성공에 갇히지 않고 더 큰 성공을 얻을 수 있도록, 우리는 실패만이 아니라 성공의 원인에 대해서도 깊게 생각해볼 필요가 있다. 그러나 성공했을 때는 쉽게 자만에 빠져 자신을 돌아보지 않으므로, 성공에 대해 돌아보는 계기 역시 성공이 아니라 이후의 실패가 될 가능성이 높은 것도 사실이다.

우리는 이렇게 말할 수 있다. 실패에서 배우는 사람은 훌륭하다. 하지만 성공에서 배우는 사람은 위대하다. 그런데 성공에서 배우지 못한다면? 그 성공은 오히려 독이 되고 만다. 그러므로 지금의 성공을 지속적으로 유지한다는 것은 생각보다 어려운 일이다.

탐욕을 줄이고 투자심리를 보전하라

건강한 욕심은 추진력이 된다. 하지만 지나치면 좋지 않다. 욕심이 지나쳐 탐욕이 되면 우리의 시야를 가리기 때문이다. 흔히 '욕심에 눈이 멀다'는 표현을 쓴다. 보아도 보지 못하게 된다는 뜻이다. '힘이 들어갔다'는 표현도 쓴다.

일본의 대형 안경체인 JINS의 대표인 다나카 히토시田中仁는 안경체인을 창업하기 이전에 지인의 잡화점에서 일했던 적이 있다. 그때 기획한 상품이 대히트를 쳤지만 이후에 자신이 직접 잡화점을 시작했을 때는 생각보다 잘 팔리지 않았다고 한다. '좀 더 매상이 올라갔으면 좋겠다, 이익이 났으면 좋겠다'는 생각에 휩싸여 고객의 니즈가 보이지 않게 된 것이었다.

'수익이 나면 좋겠다'는 마음은 지나친 관심으로 연결되기도 한다. "인삼은 밭 주인의 발소리를 듣고 자란다"는 말이 있다. 인삼은 관심을 많이 가져줄수록 잘 자란다는 뜻일 것이다. 그러면 주식도 주인의 눈도장을 받으며 자랄까? 답은 '아닐 가능성이 높다'이다.

자주 보는 눈길에는 조급한 마음이 섞여 있을 가능성이 높다. 내가 조급해 한다고 해서 주가가 오르지 않는다. 그러나 이보다 더 중요한 이유가 있다. 그것은 인간 심리에 단서가 있다.

2002년 노벨 경제학상을 받은 심리학자 대니얼 카너먼^{Daniel} ^{Kahneman}에 따르면, 사람은 손실에 대한 고통이 이익의 기쁨보다 2.5배 정도 강하다고 한다. 이것이 주식에는 어떤 영향을 미칠까?

A라는 종목이 있는데 연초에 1만원의 가격이었고, 연말에도 1만원이라고 하자. 또한 가격은 그대로이지만, 주식시장 전체는 10% 빠져서 시장 대비 주가가 좋았다고 가정하자. 비록 연초의 가격이 연말에도 그대로라고 해도 주식은 그 사이 오르내리기 마련이다. 올라갈 때보다 빠질 때 2.5배의 고통이 있다면, 비록 주가가 그대로라고 해도 매일 이것을 들여다본 사람은 심리적으로 마이너스 상태에 빠지게 된다. 주식시장 전체보다 주가가 좋았다고 해도 오르는 기쁨보다 내리는 고통이 훨씬 커서 중간에 그 주식을 팔아버렸을 가능성이 높다.

주식에 대한 지나친 관심은 오히려 독이 되고 만다. 주식이 본업이 아니라면 일과 중에는 일에 집중하고, 주가는 가급적 나중에 확인하자. 자칫 일과 주식투자 모두에 차질이 생길 수 있다. 앙드레 코스톨라니는 우량주식을 사둔 후 수면제를 먹고 몇 년 푹 자고 일어나는 편이 좋다고 말하기도 했다. 예를 들어 어느 누구도 부동산 시세를 주식처럼 자주 확인하지 않는다. 주식에는 실패해도 부동산투자에 성공하는 사람이 많은 것이 이런 점과 관련이 있지 않을까?

세상에 공짜 점심은 없다. 하지만 수익을 향한 우리의 욕심은 공짜 점심을 은근히 바라게 된다. 한때 한국에는 브라질 채권이 크게 유행한 적이 있다. '표면적으로 10%의 이자를 매년 주니까 낮아진 시중금리에 비해 얼마나 매력적인가'라는 것이 증권사의 마케팅 포인트였다. 결과는 어떠했을까? 이자로는 벌고 환율에서 잃어서 오히려 투자 손실이 난 경우가 많았다. 수익이 커지려면 그만큼 위험을 더 감수해야 하는 것이 세상의 이치다.

브라질 채권을 투자하기 위해서는 브라질 정치 혹은 경제적 상황이라든지, 원자재 가격의 동향에 따라 환율이 어떻게 될지를 알아야 한다. 변수가 많은 만큼, 한두 가지를 정확하게 전망했다 하더라도 과연 환율이 어떻게 변하게 될지 안다는 것은 쉽지 않다. 브라질 채권은 표면 수익률이 높은 대신 처음부터 위험도가 높은 상품이었다.

하지만 과거 고금리 시대의 추억에 젖어 있는 투자자들은 여전히 잘 모르는 고수익 상품에 투자해 생각보다 자주 손해를 보기도 한다. 주가연계증권ELS, 파생결합증권DLS 등의 상품은 기초 자산의 변동성이 생각보다 크게 나타나는 경우가 많다. 하지만 이러한 리스크에 대해 판매자도 투자자도 큰 관심을 두지 않는다. 이러한 상품들은 평온할 때는 6~8% 내외의 중수익을 거둘 수 있다. 하지만 변동성이 발생하면 수익이 아니라 오히려 손실이 발생한다.

또한 최근에는 환금성이 떨어지는 채권형 상품에 투자한 케이스도 이슈가 되고 있다. 환금성이 떨어지는 그 자체가 위험임에도 이를 크게 고려하지 않는 경우가 많은 것이다. 정확한 기대수익률은 겉으로만 보아서는 알 수 없다. 상품 속에 숨은 리스크를 정확하게 파악해야 하는데 이것은 생각보다 쉽지 않은 경우가 많다. 공짜 점심은 원래 찾기 어려운 것이다.

주식투자를 시작한 이상 홈런을 치겠다고 마음먹을 수는 있다. 하지만 이런 욕심으로 투자자가 하나의 종목에 지나치게 매몰되면 기업의 단점을 보지 못하고, 과열된 시장에서 무리하게 매매하는 실수를 범하게 된다. 지나치게 고수익을 바라다가 숨은 리스크를 보지 못하게 되는 것이다.

홈런도 좋지만, 1루타나 2루타 종목으로 차근차근 수익을 쌓아가겠다는 태도가 실수를 줄이고 성공확률을 높인다. 경제학은 합리적이고 이성적인 인간을 가정하지만 사실 사람은 이성과 감정을 동시에 가지고 있는 존재다. 탐욕도 감정이며, 감정에 휩싸이면 우리의 이성은 마비된다. 탐욕이라는 수요가 있기 때문에 '사기'라는 공급이 있다는 말도 있다.

감정을 지배해야 돈을 지배할 수 있다. 주식투자에 있어서는 탐욕 외에도 분노, 공포와 같은 감정도 조심해야 한다. 이러한 감정에 휩싸이면 저점에서 팔게 되고, 고점에서 무리하게 사게 될 수 있다. 탐욕, 분노, 공포 대신에 절제, 침착, 용기를 지녀야 한다. 자신의 감정을 지배해야 투자의 성공확률이 높아진다.

꿈꾸되 탐욕하지 말자. 긍정적이되 무모하지 말고, 보수적이되 부정적이지 말자. 우리에게 필요한 것은 균형 잡힌 건강한 투자심리다.

분산투자가 답일까, 집중투자가 답일까?

　　현대 투자의 포트폴리오 이론을 완성한 노벨 경제학상 수상자인 해리 마코위츠^{Harry Markowitz}. 그의 핵심 의견은 분산투자다. 마코위츠에 따르면 분산해야 수익의 감소 없이 위험을 줄일 수 있다. 하지만 이와 반대로 워런 버핏과 같은 투자자는 집중투자를 권한다. 과연 누구의 말이 맞는 것일까?

　　마코위츠와 버핏은 2가지 점에서 세상을 다르게 바라본다. 첫째, 마코위츠는 사람들이 합리적이라는 경제학적 가정 위에 서 있는 데 반해 버핏은 그 반대로 생각한다. 둘째, 마코위츠에게 리스크는 수익률의 변동폭, 즉 변동성인 데 반해 버핏에게 변동성은 더 살 수 있는 좋은 기회이고 진짜 리스크는 원금을 손해볼 가능성이다. 마코위츠는 투자대상을 분산시킴으로써 변동성을 줄이고자 했고, 확신을 가진 종목에 투자한 이상 수익이 날 때까지 팔지 않는 버핏은 변동성을 이용해 해당 종목의 투자비중을 높이고자 했다.

종목분석이 정확하고 그에 대한 확신이 강해서 변동성을 기회로 이용할 수 있다면 집중투자가 맞다. 하지만 분석과 그에 대한 확신이 부족한 상황에서, 주가의 변동성을 싫어하고 안정적 수익을 원한다면 마코위츠처럼 상관관계가 적은 투자대상으로 분산해야 한다.

단, 분산하면 시장 평균과 비슷한 수익률로 수렴하게 된다. 마음은 편한 대신 큰 수익을 기대하기 힘들다. 집중투자하면 평균과는 다른 수익을 거둘 수 있지만 변동성을 감내해야 하고, 분석이 틀렸을 경우에는 반대로 크게 부진한 성과를 거둘 가능성이 높아진다.

어느 쪽 투자가 자신에게 더 맞는가? 포트폴리오의 변동성을 줄여서 편하게 투자하고 싶다면 sleep well 분산하는 편이 좋다. 하지만 수익성을 높이고자 한다면 eat well 소수의 종목에 대해 확신을 가질 때까지 열심히 분석해서 집중투자하는 편이 좋다.

개인투자자라면 꼭 분산투자를 해야 할 만큼 투자원금이 크지 않기 때문에 버핏의 방법이 더 적합하지 않을까 생각한다. 피터 린치도 개인투자자라면 5종목이면 충분하다고 말한 적이 있다.

모든 길은 역발상투자로 통한다

생각해보기 : 3가지 원리와 주가의 사이클

결국 가격은 가치에 수렴되고, 많은 것이 평균에 회귀한다

주식대가들의 역발상투자법

부정적 인식이 개선되거나 신뢰가 회복되는 기업을 찾아라

생각해보기 : 목계 이야기와 주식투자

역발상투자는 자기성찰로부터 시작된다

4장

투자의 왕도는
역발상투자

흔히 '투자에는 왕도가 없다'고 말합니다. 하지만 역발상투자야말로 많은 대가들이 공통적으로 사용했던 최고의 투자방법입니다. '코스톨라니의 달걀' '이익예상 라이프사이클' '재귀이론' '단도투자' 등이 대표적인 예입니다. 그들의 주장은 디테일에서는 조금씩 차이가 나지만 주가는 저평가와 고평가를 오가며 사이클을 그린다는 점, 결국 가격은 가치 내지는 이익에 수렴하게 된다는 점, 리스크는 줄이고 기대 수익을 높일 수 있는 투자법이라는 점 등에서 동일합니다.

역발상투자는 시장의 과잉 반응에 대해 반대 포지션을 취하는 것을 의미하며, 가격이 가치에 수렴할 것을 믿고 기다리는 다양한 스타일의 투자를 모두 포함합니다. 인식과 실재의 틈새는 어디서나 나타날 수 있기 때문입니다. 그런데 역발상투자라고 해서 항상 시장과 반대로 하는 것은 아닙니다. 시장이 지나치게 공포나 탐욕에 빠졌을 때는 반대 포지션을 취하는 것이 맞겠으나, 시장이 이성적일 때는 동행해야 합니다. 주식 보유자 수가 많아지고 대중과 시장이 함께하는 국면에서 동행하지 않으면 큰 수익을 기대하기 힘듭니다.

역발상투자는 '많고 적음의 원리', '확산과 수렴의 원리', '위험 대비 수익의 원리'를 모두 꿰뚫고 있을 때 자유자재로 활용할 수 있습니다. 그래서 우리는 각각의 원리에 대해서 잘 살펴볼 필요가 있는데, 특히 그중에서도 '확산과 수렴의 원리'가 중요합니다. 결국 가격은 가치에 수렴되고 많은 것이 평균에 수렴하는 이치가 그것입니다.

현실에서 역발상투자를 실천할 수 있는 하나의 방법으로서, 부정적인 인식이 개선되거나 신뢰가 회복되는 기업을 찾는 사례를 제시해보았습니다. 한때 극심한 사이클 산업으로 간주되던 반도체 산업은 기술난이도 증가에 따른 과점화 가능성에 대한 인식이 바뀌어 더 높은 밸류에이션을 받으며 주가가 크게 상승했던 경우에 해당됩니다.

역발상투자를 잘 하려면 시장과 나를 동시에 잘 알아야 합니다. 내가 현재 군중 심리에 휩싸여 있는지 그렇지 않은지를 알려면 시장과 나의 심리 상태를 동시에 파악해야 하기 때문입니다. 보통 사람들은 자신을 돌아보지 않고 아상我相에 사로잡혀 있으므로 자신을 잘 알지 못합니다. 성찰의 노력이 이러한 한계를 극복하는 좋은 수단이 됩니다. 이 장을 통해서 역발상투자를 실천하기 위해 꼭 필요한 점들을 함께 생각해봅시다.

모든 길은
역발상투자로 통한다

최근 투자의 변화와 쏠림이 심해졌다고는 해도, 필자는 투자의 왕도는 역시 역발상투자라고 생각한다. 표현은 조금씩 달라도 투자대가들이 공통적으로 실천했던 방법이 바로 역발상투자다.

누구는 이를 '가치투자^{여기서의 가치투자는 가치 대비 가격이 저렴한 종목에의 투자를 의미함}'라 했고, 누구는 이를 '단도투자^{모니시 파브라이Mohnish Pabrai, 단도투자는 위험은 적고 불확실성이 높은 사업의 지분 갖기를 뜻함}'라 했다. '코스톨라니의 달걀'과 리처드 번스타인의 '이익예상 라이프사이클', 소로스의 '재귀이론' 모두 역발상투자를 가리키고 있다. 가격이 가치로 수렴하기 전에 한발 먼저 가 있는 것이며, 세상의 인식이 본질로 회귀한다고 믿고 기다리는 행위가 바로 역발상투자다.

피터 린치는 『월가의 영웅』에서 투자하기 좋은 기업의 속성을 다음과 같이 제시한 적이 있다. '기업 이름이 따분하고 우스꽝스러우면 더 좋다. 성장 정체 업종^{따분한 사업을 한다}, 음울한 사업을 하는 기업, 유독 폐기물이나 마피아가 관련되어 있다는 소문이 난 기업' 등이 그것이다. 부정적인 평가를 받는 기업에서 좋은 투자의 기회를 발견하는 전략이므로 역시 역발상투자의 범주에 속한다고 볼 수 있다.

지금이야 반도체주에 대해 대체로 긍정적인 시각을 가지고 있지만, 2013년만 해도 그렇지 않았다. 당시 필자는 반도체주의 중장기적인 성장 가능성에 주목하고 SK하이닉스와 동부하이텍^{현 DB 하이텍}을 리서치해 회사에 매수를 설득하려 노력했지만 내부에서조차 심한 반대에 부딪혔다. 하지만 오랫동안 밴드에 머물며 부정적인 평가를 받아온 반도체 관련주들은 그 시기가 대세 상승의 초입이었다. 짐 로저스도 1998년의 원자재처럼 '남들이 무시하는 것들'이 더 좋은 투자대상이라고 말한 적이 있다.

역발상투자는 한마디로 '투자자의 과잉반응'에 대해 시장과 반대의 포지션을 취하게 됨을 의미한다. 본질에서 이미 많이 멀어졌기에 손실이 나도 적게 나고^{더 확산될 가능성은 적고} 이익이 나면 크게 나게 되는^{본질로 수렴할 여지가 크다} 원리다. 그래서 '위험 대비 수익'의 관점에서 최고의 투자가 된다. 하지만 역발상투자의 실천은 생각보다 쉽지 않다. 이는 대중과 반대되는 길을 가야 하기 때문이다. 무리와 함께 있을 때 편안함을 느끼고, 무리에서 벗어날 때 죽음의 공포를 느끼게 되기 때문이다. 우선 무리 속에서 벗어나 '심리적 역발상'을 해야 하는데, 이것이 쉽지 않은 것이다.

시장이 탐욕적일 때 절제해야 하고, 시장이 공포에 빠졌을 때 용기를 내야 한다. 시장이 무관심할 때 관심을 가져야 하고, 시장이 온통 그것에 집중할 때 오히려 초연해야 한다. 즉 독립적 사고와 행동이 역발상투자의 기본인 것이다.

군중 속에 있을 때 편안함을 느끼는 것은 우리의 본능이다. 사자를 피해 풀을 뜯는 얼룩말의 무리나, 상어를 피해 바닷속을 헤엄치는 물고기 떼와도 같다. 오랜 수렵채집의 시간 동안 우리는 무리지음으로써 맹수로부터 안전을 지켰고, 사냥의 성공확률을 높였으며, 먹을 것이 없을 때 주위의 도움을 받을 수 있었다.

그래서 우리 속의 원시뇌는 군중과 함께 있는 것을 좋아하고 무리에서 벗어날 때는 '죽음의 공포'까지 느끼게 된다. 패션의 유행도 이 같은 이치로 설명되기도 한다. 조선시대 때 유배는 중한 죄를 범한 자를 차마 사형시키지 못하고 멀리 보내던 상당히 무거운 형벌이었다. 공동체에서 벗어나서 혼자 살기 힘들다는 배경이 뒤에 깔려 있다.

그런데 주식시장이야말로 이와 같은 무리 짓는 본능이 유감없이 드러난다. 우리는 대개 많은 사람이 선택한 종목이니까 틀리지 않았을 것이라고 생각한다. 무리 짓는 본능과 환상에 따른 군중심리로 주가는 항상 내재가치를 뛰어넘는 고평가 영역에 도달한다. 반대로 주가가 하락할 때는 가치보다 훨씬 아래까지 내려가는 저평가 현상이 반복된다.

학문에서 말하는 '효율적 시장가설'과는 완전히 배치되는 내용이다. '효율적 시장가설'에 따르면 사람은 합리적이고 독립적이다. 하지만 현실에서 사람은 본능, 감정, 심리에 더 크게 좌우

되고 행동이 타인에 크게 의존적이다. 예를 들어 처음 가보는 식당이라면 식사 때가 되었는데도 손님이 없는 곳은 누구나 잘 들어가려 하지 않는다.

하지만 이러한 무리 짓는 본능은 투자자를 큰 위험에 빠뜨리게 한다. 흔히 말하는 테마주의 꼭지에 물리면 큰 손실을 보게 된다. 크게 오를 종목을 바닥에서 팔게 되는 안타까움도 무리짓는 본능에서 비롯된다. 시장과 동행해야 할 때는 시장이 합리적일 때뿐이다. 탐욕으로 과열되었거나, 공포로 과매도되었을 때는 과감하게 독립된 길을 가야 한다.

독립적인 사고와 용기 있는 행동을 위해 우리는 반은 시장을 보고, 반은 나를 되돌아보는 시간을 가질 필요가 있다. 지피지기 知彼知己면 백전불태 百戰不殆라 하지 않았던가.

전설적인 투자자인 제시 리버모어 Jesse Livermore, 1877~1940를 다룬 책 『어느 주식투자자의 회상』에는 심리적인 역발상에 대해 다음과 같이 기술되어 있다.

"희망과 공포는 인간 본성에서 분리될 수 없다. (중략) 성공적인 트레이더는 자신의 내부에 뿌리 깊게 자리 잡은 이 두 가지 본성과 싸워야 하고, 자연스러운 충동이라 불릴 수 있는 것을 반대로 뒤집어야 한다. 즉 희망하는 대신 두려워해야 하며, 두려워할 것이 아니라 희망을 가져야만 된다."[17]

<표 4-1> 바닥권 및 고점에서의 특징과 대응전략

	바닥권	고점
시세 특징	시세가 가장 약해 보임	시세가 가장 강해 보임
투자자의 반응	분노·공포를 넘어 무시의 단계	환호·안도를 넘어 행복의 단계
호재·악재에 대한 주가 반응	악재에 둔감하고, 작은 호재에도 주가상승	호재에 둔감하고, 작은 악재에도 주가하락
대응	너그러운 리서치·운용 (작은 장점이라도 칭찬하는 대응)	깐깐한 리서치·운용 (작은 약점이라도 질책하는 대응)
주의할 점	너무 일찍 사지 않도록 주의	너무 늦게 팔지 않도록 주의

또한 역발상투자는 위험을 가급적 줄이고 수익률을 극대화하는 방법으로서 가치를 보는 눈, 수렴에 대한 확신, 리스크에 대한 판단력 등을 통해 실천된다. 다시 말해 '많고 적음이를 통해 가치를 안다' '확산과 수렴사이클의 변화를 믿고 기다린다' 그리고 '위험 대비 수익투자의 성공 확률을 계산한다'의 이치를 모두 꿰뚫고 있으면 좋다.

역발상투자를 잘하려면 바닥권과 고점에 대한 대응력이 좋아야 한다. <표 4-1>에서는 바닥권과 고점에서의 바람직한 대응전략을 정리했다. 일반적으로 역발상투자자라고 하면 바닥에서 잘 매수하는 것만 생각하는데, 고점에서 잘 매도하는 것도 중요하므로 고점에서의 대응에 대해서도 고민해둘 필요가 있다.

바닥권에서는 사는 사람이 적으므로 용감하게 사는 행동이 귀하고 가치 있다. 모든 투자자들이 공포를 넘어 무시의 단계에 들어섰기에 용기와 관심의 행동이 드물어지기 때문이다. 고점에서는 반대다. 파는 사람이 적으므로 절제해 매도하는 행동이 귀하며 가치 있다. 모든 이가 안도와 행복에 사로잡혀 있으므로 위기감을 느끼고 조심하는 행동을 찾기 힘들다. 주가의 바닥권과 고점에서도 '많고 적음의 이치'가 잘 적용된다.

역발상투자는 과거에도 있었다. 그만큼 역사가 오래된 투자법이다. 사마천의 『사기』에는 다음과 같은 말이 나온다. "세상 사람들이 버릴 때 사들이고, 세상사람들이 사들일 때 팔았다.^{인기아취} 인취아여 人棄我取 人取我與 "이는 백규^{白圭}라는 인물의 매매에 대해 논한 것이다. 이 역시 남들과 반대로 하는 투자, 즉 역발상투자에 속한다.

역발상투자는 시간이 우리 편인 편안하고 검증된 투자법이다. 다만 바닥에서는 너무 일찍 사지 않도록 주의해야 하고, 고점에서는 너무 늦게 팔지 않도록 주의해야 한다.

또 한 가지 주의할 점이 있다. 역발상투자는 기본적으로 시장이 비이성적인 구간에 들어갔다고 판단할 때 활용하는 투자법이다. 즉 시장이 비이성적일 때는 역발상투자가 맞지만, 시장이 이성적일 때는 이에 순응해야 하고 시장과 동행해야 한다.

3가지 원리와 주가의 사이클

'많고 적음' '확산과 수렴' '위험 대비 수익' 이 3가지 원리를 이용하면, 내재가치를 가운데 두고 주가가 변동해 사이클을 만들어내는 과정을 보다 잘 이해할 수 있다.

〈그림 4-1〉에서 '많고 적음'은 내재가치와 주가의 변동을 만들어내는 근본적인 힘이다. 남들이 못 만들어내는 귀한 '상품과 서비스'를 개발해 출시하면 내재가치가 높아진다. 주식보다 사람^{투자자}이 많아지면 주가가 오르고, 사람^{투자자}보다 주식이 많아지면 주가는 내려간다. 한편 팔려는 사람보다 사려는 사람이 많으면 주가는 오르고, 반대로 팔려는 사람이 많으면 주가는 하락한다.

위대한 투자자는 가치를 생각할 뿐, 주가를 생각하지 않는다. 그러나 일반인들은 가격이 오르면 더 오를 것 같은 군중심리에

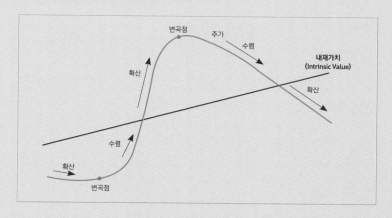

〈그림 4-1〉 내재가치와 주가의 사이클

빠져 고평가를 만들고, 가격이 빠질 때면 더 빠질 것 같은 착각에 빠져 저평가를 만든다. 그래서 '확산과 수렴'이 반복된다. '확산과 수렴'은 군중의 과도한 반응과 이의 되돌림이다.

하지만 상승은 하락 에너지를 내포하고, 하락은 상승 에너지를 키워간다. 그래서 근본에서 너무 멀어졌을 때 '위험 대비 수익'의 관점에서 빨간불이 들어온다. '너무 많이 오른 것 아닌가' 하는 반성이 대두되면, 주가는 변곡점을 만들고 하락하기 시작한다. 반대로 '가치 대비 너무 싼 것 아닌가' 하는 생각이 들기 시작하면, 주가는 상승하기 시작한다. 수렴이 시작된 것이다. 즉 '위험 대비 수익'은 수렴 혹은 되돌림을 만드는 판단 기준이다.

이처럼 3가지 이치가 함께 모여 주가 사이클을 만들어낸다. 그리고 이와 같은 과정은 계속 되풀이될 수 있다.

결국 가격은 가치에 수렴되고,
많은 것이 평균에 회귀한다

금융의 가장 본질적인 특징 중 하나는 '확산과 수렴'이 아닐까 생각된다. 마치 주식시장과 경기가 그러하고 가격과 가치가 그러하듯이, 금융시장 안의 여러 변수는 서로 멀어졌다가 가까워졌다를 반복한다. 그렇다면 투자는 수렴의 힘을 믿고 기다리는 행동일 뿐이다.

애널리스트들이 어떤 분석 보고서를 쓰더라도 결국 그들의 최종 판단은 이 '확산과 수렴'의 범주 내에 위치하게 되리라 생각한다. 예를 들면 '기업 가치가 늘어나므로 주가도 올라갈 것이다' '금이 많이 올라 금과 은의 교환 비율 Gold·Silver Ratio이 많이 벌어졌으므로 은도 곧 따라 오를 것이다' '경기가 더욱 둔화되고 있다. 성장주의 가치주 대비 프리미엄이 더 커질 것이다' 등의 말들은 모두 '확산과 수렴'을 설명하고 있을 뿐이다.

그런데 '확산과 수렴'은 금융시장에 한정된 이치는 아니다. '실적의 평균에의 수렴'이나 '호황 뒤의 불황'과 같이 경제현상으로 확대되고, '인식의 실재로의 수렴'과 같이 일반적인 사회현상으로까지 확대된다. 세상의 어떠한 것이든 본질에서 일시적으로 멀어질 수는 있으나 시간이 지나면 다시 그 본질로 돌아온다.

레이 달리오의 동영상 '경제라는 기계는 어떻게 작동하는가 How the economic machine works?'의 마지막에는 3가지의 경험 법칙이 제시되어 있다. 그 3가지는 '소득보다 부채가 더 빠르게 늘게 하지 마라' '생산성보다 소득이 더 빠르게 늘게 하지 마라' '당신의 생산성을 높이는 노력을 경주하라'이다. 결국 부채가 소득 수준을 크게 뛰어넘기 힘들고, 생산성보다 지나치게 높은 소득은 오래 유지되기 힘들다는 것은, '확산과 수렴'의 이치가 우리 생활 속 깊숙이 작용하고 있음을 나타낸다.

이러한 '확산과 수렴'의 흐름을 잘 아는 것은 역발상투자를 실천함에 있어 가장 중요한 요소 중 하나가 된다. '확산과 수렴'은, 대개 투자자들이 2개 이상의 선택지 중 상대적으로 좋아보이는 것을 선택하는 과정이 계속되고 있음을 가정한다. 하지만 그 평가와 선택은 항상 정확하거나 합리적이진 않다. 가치를 보고 가격을 생각하는 것이 합리적이나, 가격을 보고 가치를 생각하는 비합리적인 행동이 흔히 일어나기 때문이다. 즉 가격이 한번 오르면 이 주식은 가치가 있다고 생각해 매수가 더욱 몰린다.

돈과 사람이 몰리면 더불어 군중 속에 함께하고 싶은 욕망도 따라서 증가하고 다시 돈이 몰린다. 이는 필연적으로 버블을 만들어낸다. 반대로 가격이 떨어지기 시작하면 이 주식은 가치가 없다고 생각해 매도가 몰리고 돈이 떠나간다. 이는 반대로 저평가를 만들어낸다. 그러나 투자자들이 중장기적으로 합리적이라는 가정은 여전히 유효하다. 시간이 지나면 투자자들은 누적된 비합리적인 오류를 깨닫고 이를 수정해 합리적이 된다. 결국 주가는 가치로 혹은 이익으로 수렴한다.

역발상투자라고 하면 주로 가치주투자를 떠올리는 경우가 많다. 가치주는 이익 성장이 둔화되었지만 가치 대비 저평가되어 있기 때문에 그 가치만큼 주가가 회복될 것을 기다린다. 또는 자산이 많기 때문에 그 자산 가치가 향후 인정받게 될 것이라고 믿는다. 하지만 성장주에 대해서도 역발상투자가 가능하다. 예를 들어 '깜짝 실적'을 냈는데도 투자자들의 반응이 미지근하다면 그 주식을 적극적으로 매입하는 방식이다. 성장주도 미래 성장성 대비 여전히 주가가 저평가되어 있다고 판단될 경우, 주가가 그 미래 가치에 수렴할 것이라고 믿고 기다리면 되는 것이다.

한편 가치주투자의 경우 이익이 역성장하는 구간에서는 주가의 하락 내지는 저평가 기간이 길어질 수 있기 때문에 조심해야 한다. 반면 성장주 투자의 경우에는 지나치게 미래 성장성을 높게 평가하고 있지 않은지 조심해야 한다. 계속 성장을 지속하더라도 기대했던 성장률에 미달하는 것만으로도 주가가 크게 조정을 받는 경우가 발생한다.

평균에 수렴한다는 것은 평범해진다는 뜻이다. 경제성장률은 경제 안에 있는 모든 부가가치 성장률의 평균이다. 기업이익성장률, 임금 상승률, 이자율 등의 평균개념이 된다. 만약 어느 해 한 기업의 이익성장률이 극히 높아서 전년동기 대비 100%를 넘었다고 가정해보자. 만약 그 기업이 특별한 경쟁력이 없다면, 곧 경쟁사들이 같은 상품이나 서비스를 출시해 그 이익성장률은 점차 낮아져서 평균으로 회귀하게 될 것이다. 한두 해 높은 수익률을 보였던 펀드가 그 다음해 실적이 저조해지는 것도 평균회귀의 한 사례가 된다.

피터 L. 번스타인^{Peter L. Bernstein}의 책 『리스크^{Risk}』에는 평균회귀에 대한 재미있는 이야기가 나온다. 완두콩을 연구한 프랜시스 골턴^{Francis Galton}은 완두콩의 자식 대에서 그 크기가 평균으로의 복귀 내지는 회귀하는 법칙을 발견한다. "만약 이러한 좁힘 과정이 작용하지 않는다면, 다시 말해 큰 완두콩이 계속 큰 자손만을 생산하고 작은 완두콩은 계속 작은 자손만을 생산한다면, 이 세상에는 극소형이나 극대형 말고는 아무것도 존재하지 않을 것이다"라고 피터 L. 번스타인은 골턴의 발견을 해석하고 있다.[18]

한편 1870~1979년의 기간 동안 산업화된 선진국가들에서 각국의 생산성도 일정 수준으로 수렴했다는 연구 결과가 발표된 적이 있다. 만약 그렇지 않으면 이미 부강한 나라가 더욱 부강해져 세상은 강대국과 약소국의 격차가 끝없이 벌어질 것이다.

투자에 있어서도 이러한 평균 회귀의 힘이 작용하고 있으므로, 평균보다 지속적으로 잘 하려면 특별한 노력이 필요하다. 올해 우수한 성과를 거둔 투자전략이 내년에도 유효할 것이라고 쉽게 믿어서는 안 된다. 한편 올해 부진한 투자전략이 내년에도 계속 부진하리라 자포자기할 필요도 없다. 업황이 부진했던 산업도 시간이 지나면 회복된다. 업황이 계속 나빠지기만 한다면 그 산업은 사라져 버리고 말 것이고, 업황이 계속 좋아지기만 한다면 그 산업이 GDP에서 차지하는 비중이 계속 높아질 것이다.

우리는 먹고 입고 쓰고 노는 등의 활동을 통해 여러 산업에 골고루 돈을 쓴다. 하나의 산업이 GDP에서 차지하는 비중이 계속 높아지는 상황은 현실적이지 않다. 미국의 유명한 투자자 존 템플턴은 "가장 전망이 좋지 않은 주식이 무엇이냐?"고 물었던 것으로 유명하다. 그는 평균회귀의 힘을 믿은 사람이다. 역발상 투자는 수렴과 평균회귀에 대한 믿음 위에 서 있다.

주식대가들의 역발상투자법

'확산과 수렴'의 이치를 중심으로 이를 투자대상에 적용시킨 대가들의 역발상투자를 소개하고자 한다. 바로 앙드레 코스톨라니의 '코스톨라니의 달걀', 리처드 번스타인의 '이익예상 라이프 사이클 Earnings Expectation Life Cycle', 조지 소로스의 '재귀성이론 Theory of Reflexivity'이다.

코스톨라니는 모든 투자시장 주식, 채권, 원자재, 보석 등의 투자가 이루어지는 시장의 장기 변동을 강세장과 약세장으로 구분하며, 강세장과 약세장을 각기 3가지 국면으로 구분할 수 있다고 했다. 그것은 조정국면, 적응국면 혹은 동행국면, 그리고 과장국면이다.[19]

코스톨라니의 책 『돈, 뜨겁게 사랑하고 차갑게 다루어라』에는 그림의 각 국면에 대해서 다음과 같이 설명하고 있다.[20]

〈그림 4-2〉 코스톨라니의 달걀

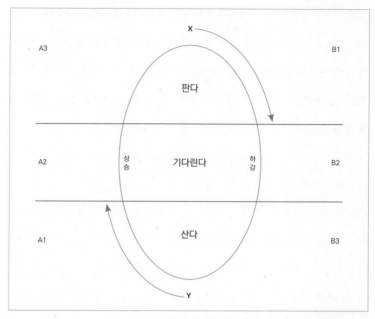

자료 : 앙드레 코스톨라니, 『돈, 뜨겁게 사랑하고 차갑게 다루어라』

A1 = 조정국면 거래량도 적고 주식 소유자의 수도 적다

A2 = 동행국면 거래량과 주식 소유자의 수가 증가한다

A3 = 과장국면 거래량은 폭증하고 주식 소유자의 수도 많아져 X에서 최대점을 이룬다

B1 = 조정국면 거래량이 감소하고 주식 소유자의 수가 서서히 줄어든다

B2 = 동행국면 거래량은 증가하나 주식 소유자의 수는 계속 줄어든다

B3 = 과장국면 거래량은 폭증하나 주식 소유자의 수는 적어져 Y에서 최저점을 이룬다

A1국면과 B3국면에서 매수한다. A2국면에서는 기다리거나 가지고 있는 주식을 계속 보유한다. A3국면과 B1국면에서는 매도한다. B2국면에서는 기다리거나 현금을 보유한다. '코스톨라니의 달걀'은 투자대상의 가격이 어떤 적정 수준에 비해 높아지고 낮아지는 현상, 즉 '확산과 수렴'이 반복되고 있음을 보여주고 있다.

또한 그는 단지 거래량의 증가와 감소만이 아니라 현재 투자대상의 가격이 어느 국면에 있는지에 따라 대응이 달라져야 한다는 점을 명확히 했다. 즉 A2국면과 B2국면 모두 거래량이 증가하지만, 주식 소유자의 수가 증가하는 A2국면에서는 보유하고 있어야 한다. B2국면에서는 주식 소유자의 수가 감소하므로 아직 매수의 시점은 아닌 것이다.

코스톨라니에 따르면 주식 소유자의 수가 가장 적은 Y시점이 최고의 투자시점이 된다. 이는 대중과 반대의 길을 가는 역발상 투자의 본질을 잘 나타내고 있다.

리처드 번스타인의 '이익예상 라이프사이클'은 투자자들의 이익예상과 실제이익의 동향 그리고 그에 따른 투자자들의 대응의 결과, 개별 주가 혹은 주식시장 전체가 〈그림 4-3〉과 같은 사이클을 형성하게 된다고 한다. 다만 개별 주식은 사이클 주기상 모든 지점을 통과하지 않을 수 있지만, 주식시장 전체의 예상은 모든 지점을 거치게 된다고 한다.[21]

번스타인에 따르면 좋은 펀드 매니저는 '역발상투자'라는 저

<그림 4-3> 이익예상 라이프사이클

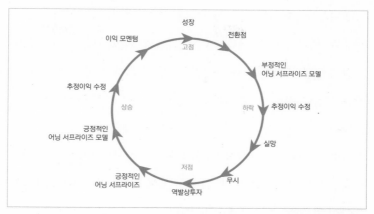

성장

전환점

이익 모멘텀

고점

부정적인
어닝 서프라이즈 모델

추정이익 수정

하락

추정이익 수정

상승

긍정적인
어닝 서프라이즈 모델

실망

긍정적인
어닝 서프라이즈

저점

무시

역발상투자

자료 : 리처드 번스타인, 『리처드 번스타인의 스타일 투자전략』, p.76

점에서 사서 '성장'이라는 고점에서 매도하는 사람이다. 반대로 '성장'의 고점에서 사서 '역발상투자'의 저점에서 파는 매니저는 최악의 매니저가 된다.[22]

'코스톨라니의 달걀'에서는 거래량과 주식 소유자의 변수를 중시했다면, 여기서는 이익에 대한 예상과 실제 이익의 추이가 사이클을 만들어내는 중심 개념으로 등장한다.

그런데 이익의 예상과 실제 이익의 추이는 거래량과 주식 소유자의 변화를 만들어내는 원인이 되므로 '이익예상 라이프사이클'과 '코스톨라니의 달걀'은 원인과 결과로 연결되어 있으며 동전의 양면과 같다.

한편 리처드 번스타인의 '이익예상 라이프사이클' 역시 주가 내지는 주가지수가 어떤 적정 수준을 상회했다가 하회하는 현상이 반복됨을 보여준다. '확산과 수렴'을 설명하고 있는 것이다.

조지 소로스의 '재귀성이론'은 합리적 기대가설Rational Expectation Hypothesis의 비판에서 나왔다고 볼 수 있다. 합리적 기대가설에 따르면, 시장 가격은 펀더멘털의 수동적인 반영일 뿐이며, 모든 정보는 시장 가격에 다 반영되어 있다고 가정한다.[23] 하지만 소로스는 특히 실재에 대한 인지의 오류와 우리의 믿음이 실재에 영향을 미칠 수 있기에 가격의 버블과 폭락이 반복된다고 주장한다.

소로스의 '재귀성이론'은 시장이 재귀적이기 때문에 경제지표, 기업실적 등에 대한 우리의 믿음이 바로 그 펀더멘털에 직접 영향을 미치고, 그 반대도 마찬가지라는 점을 포함한다는 점에서 기존의 이론들과 차별된다. 그래서 실재적 가치, 인지적 가치에 더해서 조작적 가치참여적 가치라는 부분이 추가된다.

긍정적 피드백의 구간에서는 조작적 가치가 인지적 가치에 영향을 주어 둘 사이에 긍정적 피드백이 만들어지며, 실재 가치보다 조작적 가치가 크게 올라가거나 크게 내려간다. 이는 버블 또는 미스프라이싱mis-pricing이다. 부정적 피드백의 구간에서는 자기반성을 통해 실재와의 격차를 메우기 위해 주가가 하락하거나 주가가 제자리를 찾아 상승한다. 조작적 가치와 그로 인한 재귀성Reflexivity이 핵심 개념이 된다는 점이 다르지만, 역시 '확산과 수렴'의 틀 안에 있고 역발상투자자에 속하는 점은 기존 대가들의 이론과 동일하다.

부정적 인식이 개선되거나
신뢰가 회복되는 기업을 찾아라

지금부터는 필자가 경험했던 역발상투자의 사례를 소개해보고자 한다. "메모리 반도체는 극심한 사이클 산업이며 이익 변동성이 상상을 초월한다." 2013년까지 메모리 반도체 산업을 바라보는 시장의 시각은 대체로 이러했다. 그 이전 시기에는 그 말이 맞았다. 2009년 1분기에 어느 반도체 업체는 -400%의 영업이익률을 기록하기도 했다. 치킨게임은 메모리 반도체 산업을 두고 만들어진 말 같은 느낌이 들 정도로, 이곳은 전쟁터를 방불케 하는 기술개발과 투자의 경쟁이 계속되어왔다. 그 안에서 업황은 그야말로 천정과 바닥을 오갔다.

1995년 디램의 호황기에는 26개 업체가 활약하고 있었지만, 2020년 현재 디램을 만드는 업체는 삼성전자, SK하이닉스, 마이크론, 이렇게 3사뿐이다. 기술개발과 투자의 속도를 따라잡지 못한 나머지 모든 업체들은 도산하거나 합병되어 사라졌다. 키몬다^{독일}, 프로모스^{대만}, 엘피다^{일본} 등은 가장 최근까지 활약하던 디램 업체들의 이름이다.

그런데 2013년 당시 삼성전자나 SK하이닉스에 탐방을 가면 기업의 IR 담당자들은 다른 이야기를 하기 시작했다. "공정 난이도가 어려워졌고 필요한 투자 규모가 더욱 커졌으며 산업이 과점화되기 시작했으므로 과거와 같은 극심한 업황 변동이 나타나기 힘들다"는 주장이 그것이다. 하지만 시장은 아직 그런 시기를 본 적이 없기 때문에 그 말을 믿지 않았다. 그래서 2014년과 2015년에 두 해 연속 4조원이 넘는 순이익을 기록했을 때도 시장은 SK하이닉스에게 높은 밸류에이션을 허락하지 않았다. 2014년에는 연말 기준으로 대략 8배, 2015년 연말에는 약 5배의 PER를 허용했을 뿐이다.

하지만 2019년에 SK하이닉스가 기록한 순이익이 2조원을 겨우 넘었음에도 2020년 9월 1일 기준으로 54조원이 넘는 시총을 인정받고 있다. 이는 2018년에 SK하이닉스가 15조가 넘은 순익을 기록해 이익의 기본 창출 능력이 높아졌다는 것을 인정받은 효과도 있을 것이다. 하지만 과거 같은 극심한 사이클이 사라졌다는 것을 시장이 인정하고 있는 것으로 생각된다.

SK하이닉스 주가의 상승에는 기본적으로 이익개선도 작용했지만, 밸류에이션 개선이 크게 작용하고 있음을 알 수 있다. 사람들의 부정적 인식은 특히 밸류에이션에 크게 영향을 미친다. 같은 이익 수준을 기록해도 사람들의 인식에 따라 시총은 극명하게 달라질 수 있다. 그래서 심지어는 이익 개선이 하나도 없어도 인식의 개선만으로 주가가 오르는 경우도 발생할 수 있다.

반도체 업황이 안정되고 있다는 인식의 확산은 반도체 소재주나 장비주와 같은 중소형주에서도 뚜렷이 나타나고 있다. 2013년 즈음에 반도체 소재주에서는 PER가 15를 넘는 종목을 찾기 어려웠다. 하지만 지금은 리노공업, 테스나와 같은 소재 기업만이 아니라 유진테크와 같은 반도체 장비주마저도 20~30배에 이르는 PER를 인정받을 만큼 밸류에이션이 확대되었다. 시가총액은 이익과 밸류에이션의 곱으로 정해지기에, 이들 반도체 관련 기업들의 주가는 상당한 상승을 기록했다.

부정적 인식이 강했던 기업에 대한 인식이 개선될 때 주가가 크게 오르게 되는 것은 '의외성'만이 주가를 크게 움직일 수 있다는 말과 일맥상통한다. 반도체처럼 부정적 인식이 만연해 있지만 실상이 달라지고 있는 산업을 찾는다면 여러 해에 걸쳐 여러 관련 종목에서 좋은 성과를 거둘 수도 있다. 이것이 바로 역발상투자의 진정한 묘미다.

바이오 헬스케어 산업도 좋은 사례가 된다. 변변한 글로벌 신약을 배출하지 못했던 것이 한국의 바이오 헬스케어 산업이었지만, 이제는 달라진 면모를 보이며 인식이 상당히 개선되고 있다. 글로벌 탑 클래스의 성과를 보이고 있는 삼성바이오로직스나 셀트리온, 셀트리온헬스케어와 더불어 기술수출로 실력을 인정받고 있는 알테오젠이나 레고켐바이오 같은 기업은, 산업 전체에 대한 인식을 개선시켜 그에 속한 기업들의 밸류에이션 확대에 큰 기여를 하고 있다. 반도체나 바이오 헬스케어 산업은 앞서 살펴본 역발상투자의 전형적인 사례라고 할 수 있다.

애널리스트마저도 외면할 때는 시장의 부정적 인식이 극에 달한 경우라고 볼 수 있다. 그런데 오히려 이런 경우가 종목에 대한 최고의 매수타이밍이 되기도 한다. 2014년 하반기의 엔씨소프트

사례가 이에 해당된다.

당시 엔씨소프트는 PC게임에 머물러 있었고, 시장의 핫 트렌드인 모바일 게임을 출시하지 못했다. 엔씨소프트를 커버하는 모든 애널리스트들이 목표주가를 경쟁적으로 낮추던 시기다. 하지만 엔씨소프트는 기존의 리니지 시리즈와 아이온에서 안정적인 수익을 거두고 있었고, 신규로 블레이드앤소울 등을 덧붙여가고 있었다. 모바일 게임에 대한 대응은 시작했으나 준비를 제대로 하기 위해 빠른 시일 내의 출시일정은 밝히고 있지 않았다. 당시 엔씨소프트의 주가는 12만원대까지 떨어졌다. 하지만 그때가 바닥이었고, 2020년 7월 6일에는 99만 5,000원까지 주가가 상승했다.

개인투자자들은 탐방을 가지 못하기 때문에 애널리스트의 분석 보고서에 의존하게 되는 경우가 많다. 하지만 한국의 2천여 개 상장사 중에서 애널리스트가 커버하는 종목수는 전체의 절반에도 미치지 못한다. 2018년 기준으로는 534개 기업에 불과하다. 나머지 1,400~1,500개 기업은 나쁜 투자대상인가? 그렇다는 근거는 어디에도 없다.

필자가 몸담은 에셋디자인은 '애널리스트들이 커버하지 않는 종목 중에서 숨겨진 보석을 발견하겠다'는 운용 전략 하에 모두가 탐방을 열심히 다녔다. 필자의 경우에는 10여 년 동안 무려 1,200회가 넘는 탐방을 갔던 것으로 생각된다. 애널리스트 보고서가 거의 없는 종목에서 2루타 이상의 종목을 찾아냈을 때는 보람과 즐거움이 배가된다.

그러면 애널리스트의 분석 보고서가 있는 종목은? 당연히 해당 기업의 사업보고서와 함께 애널리스트의 분석 보고서를 참고하면 좋다. 그런데 애널리스트의 보고서를 역발상으로 활용해야 하는 경우도 많다.

우선 목표가를 올렸을 경우를 생각해보자. 이 경우 정말로 기업의 내용이 달라졌거나, 기업 가치가 높아질 이슈가 발생했는지를 꼼꼼히 따져보아야 한다. 만약 그러한 알짜 내용이 비어 있는데 불과 몇 주 만에 신규 보고서에서 목표주가를 올렸다면, 이는 높아진 주가를 보고 거기에 목표주가를 맞추었을 가능성이 높다. 이런 경우 가만히 주식을 매도하는 편이 나중에 더 좋은 결과로 이어진 경우가 많았다. 마찬가지로 목표주가를 낮추었을 때도 이를 역으로 활용하는 지혜가 필요하다.

기업의 가치와 상관없이 주가가 오르면 애널리스트들이 목표가를 높이고, 주가가 떨어지면 목표주가를 낮추는 것은 그들도 한계를 지닌 인간이며, 인지부조화의 심리적 과정을 겪기 때문이다. 우리는 이러한 모습을 타산지석으로 삼을 필요가 있다.

내가 산 종목의 주가가 오르면 내 마음속에서 목표주가를 높여 더 사고 있지는 않은지, 혹시 주가가 내리면 내 마음속에서 목표주가를 낮추어 팔고 있지는 않은지 잘 살펴보도록 하자. 이러한 노력은 역발상투자의 성공 가능성을 높여줄 것으로 생각한다.

목계 이야기와 주식투자

　다음은 『장자』 19편 달생達生에 나오는 이야기다. 기성자紀渻
子가 임금을 위해 싸움닭을 기르고 있었다. 열흘 만에 닭을 싸움
시킬 수 있겠는가 하고 물으니 그가 대답했다. "안 됩니다. 아직
헛되이 교만하여 기운을 믿고 있습니다." 열흘이 더 지나 다시
물으니 그가 대답했다. "안 됩니다. 아직도 상대방의 울림이나 그
림자에 대해서도 반응을 보입니다." 열흘이 더 지나 다시 물으니
그가 대답했다. "안 됩니다. 아직도 상대를 노려보며 기운이 성
합니다." 열흘이 더 지나 다시 물으니 그가 대답했다. "거의 되었
습니다. 비록 상대방 닭이 운다 하더라도 이미 아무런 태도의 변
화가 없게 되었습니다. 그를 바라보면 마치 나무를 깎아 만든 닭
같습니다. 그의 덕은 완전해졌습니다. 다른 닭들이 감히 덤벼들

지 못하고 보기만 해도 되돌아 달아날 것입니다."[24]

주식 매매의 최고 경지에 오르려면 '목계'처럼 주가의 변동에 전혀 영향을 받지 않아야 할 것이다. 가치는 변함이 없는데 주가가 오르내리면 우리의 마음이 따라 흔들린다. 주가가 빠지면 팔아버리고 싶고, 주가가 오르면 더 사고 싶어진다. 사실 반대로 해야 한다. 주가가 빠지면 기뻐하며 더 사야 하고, 주가가 단기에 너무 많이 오르면 조심스러운 마음가짐으로 매도하고 잠시 쉴 수 있어야 한다.

가치를 항상 먼저 봐야 하는데, 우리는 가격에 영향을 지나치게 많이 받는다. 주식도 보이는 것보다 보이지 않는 것이 더 중요하다. 군중은 눈에 보이는 것에 좌우된다. 철학자는 눈에 보이지 않는 것을 보기 위해 노력한다. 주식투자에 성공하기 위해서는 군중과는 다른 노력이 필요하다.

역발상투자는
자기성찰로부터 시작된다

역발상투자는 하나의 확고한 투자 스타일을 의미하지는 않는다. 역발상투자도 유연해야 한다. 주식시장은 그때그때 성격이 많이 변할 수 있기 때문이다.

경기가 좋은지 둔화되고 있는지, 인플레이션이 강해지는지 약해지는지, 그리고 금리는 어떠한지 등에 따라 선호되는 스타일의 주식이 달라지기도 한다. 또한 그런 선호가 때로는 꽤 오래 지속되기도 한다. 금리가 하락하는 구간에서는 고배당주의 수익성이 좋다. 이는 금리하락기에 기존의 고금리 채권가격이 올라가는 효과와 같다. 저성장과 저금리 현상이 고착화되며 성장주가 가치주 대비 아웃퍼폼하고 있다는 것은 주지의 사실이다.

역발상투자라고 하면 가치주투자를 먼저 떠올릴 수도 있지만, 앞서 살펴본 바와 같이 성장주에 대한 투자에서도 역발상투자는 가능하다. 기본적으로 역발상투자는 시장의 저평가나 고평가에 대해 시장과 다른 포지션을 취함으로써 가격이 가치에 수렴될 것을 기다리는 모든 투자를 포함할 수 있다. 그러므로 주가상승에 베팅하는 롱 투자와 더불어 주가하락을 기대하는 숏 투자에도 역발상투자는 적용가능하다.

또한 성장주, 가치주, 배당주, 턴어라운드주, 경기민감주, 경기방어주, 대형주, 중소형주 등등 다양한 스타일의 모든 주식에 대해 기본적으로 역발상투자가 가능하다. 인식과 실재의 틈새가 벌어지는 것은 주식의 스타일을 가리지 않기 때문이다.

역발상투자는 무조건 시장과 반대의 길을 가는 것을 의미하지도 않는다. 1970년대 니프티 피프티^{Nifty Fifty}나 1990년대 IT 버블처럼 시장의 쏠림이 지나치거나 버블의 영역으로 들어가서, 절대로 이를 따라 사서는 안 되는 시기도 존재할 수 있다. 하지만 시장이 이성적인 구간에 있고 확산과 쏠림이 지나치지 않을 때는 시장과 동행해야 수익성을 극대화할 수 있다. 앞서 살펴본 '코스톨라니의 달걀'에서도 조정국면에서는 사고, 상승하는 동행국면에서는 보유하며, 과장국면에서 팔 것을 권하고 있다.

대중의 관심을 받아 돈이 주식으로 본격적으로 몰리는 구간에서 주가가 크게 상승할 수 있다는 점을 잊지 말자. 대중과 함께하는 동행구간을 놓쳐서는 큰 수익을 기대하기 힘들 수도 있다.

"사람들은 실패에서 배우지 못한다. 실패에서 배우면 고수다. 그러나 진정한 고수는 성공에서도 배운다. 실패하면 운이 나빴다고 생각하며 돌아보지 않고, 성공하면 내 실력이라고 생각해서 배우지 않는다. 하지만 그 반대다. 실패가 바로 나의 실력이고, 성공이 오히려 운이다. 나도 마찬가지다. 나를 돌이켜보고, 성찰하는 시간이 부족했다. 큰 고통이 없으면 자신을 돌아보지 않는다. 나는 잘 하고 있다고 스스로 '자기 합리화' 했기 때문이다. 그 잘하고 있다는 생각이 바로 아상我相이다."

얼마 전 투자일기에 내가 적어본 글이다. 이러한 성찰을 좀 더 일찍, 그리고 깊게 했더라면 얼마나 좋았을까?

2017년 이후 에셋디자인투자자문은 향후 한국 주식시장에서 좋은 성과를 거두기 힘들다고 생각했다. 중국을 포함한 글로벌 부채 이슈, 정부와 중앙은행의 정책 수단의 소진, 극단적으로 성장주에 쏠리는 시장 흐름 등의 배경 속에 '전략적 가치투자'를 실천하며 '잃지 않는 투자'를 계속하기 어렵다는 판단을 내렸다.

우리는 2018년 말까지 만기가 도래하는 모든 고객 자산을 되돌려드렸고, 2019년 8월에 자문사 일임 라이선스를 금융위원회에 반납했다. 예상이 맞았는지 운이 좋았는지, 2018년 주식시장이 상당히 부진했고, 2019년 상반기까지는 약세장의 흐름이 유지되었다.

1~2년을 보면 잘 한 결정이었지만, 과연 그 결정이 정말 잘 한 것일까? 우리를 믿고 힘을 보태 주었던 모든 임직원들과 소중한 자산과 믿음을 맡겨주었던 모든 고객들. 그들과 이별하고 헤어진 것이 정말 현명한 결정이었는지 다시 한 번 생각해보게 된다. 좀 더 실력을 길러서 자문사를 유지했더라면 어땠을까?

사람은 자신을 잘 모른다. 그것은 우선 관심이 외부로 향해 있기 때문이고, 설령 나를 좀 돌아보고자 해도 '내가 생각하는 나'라고 하는 아상我相이 그 돌아봄을 방해하기 때문이다. 마치 등잔 밑이 어두운 것과 같다. 그래서 우선은 외부로 향한 관심의 일부를 자신의 내면으로 돌릴 필요가 있다. 이를 동양철학에서는

'회광반조回光返照'라고 한다.

또한 사람들은 남의 충고를 싫어한다. 남의 충고 속의 나와, 내가 생각하는 내가 다르기 때문이고 나의 단점이 드러나기 때문이다. 『사피엔스』에서 유발 하라리Yuval Noah Harari는 악인이 거울을 무서워하는 이유가, 자신의 부끄러운 모습을 보게 되기 때문이라고 지적하고 있다.

자기 방어와 자기 합리화에 능한 우리는 자신의 단점이 외부로 드러나는 것을 극도로 싫어한다. 그래서 실수에서도 실패에서도 배우지 못한다.

하지만 큰 실패로 인해 고통이 닥쳤을 때는 다르다. 아픔이 클 때 비로소 사람은 자신을 돌아본다. 그래서 "위기가 오히려 기회"라는 말이 있다. 큰 위기가 닥치기 전에 미리미리 자신을 돌아보면 얼마나 좋을까? 두 번이나 파산한 적이 있던 코스톨라니는 다음과 같이 말한다.

"사실 수익보다는 손실을 입은 경우에 분석이 훨씬 용이하다. 주식에서 수익을 얻으면 사람들이 자기 생각이 적중했다고만 생각하고 들뜨게 된다. 거기서 무엇인가를 배울 생각은 하지 않는다. 심각한 손실을 겪고 나서야 사건의 밑바닥에 들어가 어디에 문제가 있었는지를 진지하게 분석해보게 되는 것이다. 실패에 대한 진지한 분석만이 성공적인 투자자가 되는 유일한 방법이다."[25]

1979~1982년 파산의 위기에 몰렸던 레이 달리오는 다음과 같이 말한다.

"당신이 할 수 있는 가장 중요한 일은 실패가 가져다주는 교훈들을 간직하고, 성공 가능성을 높이기 위해 겸손함과 개방적인 사고 방식을 배우는 것이다. 그리고 꾸준하게 그 방식을 지켜나가는 것이다."[26]

진짜 무엇인가를 배운다는 것은 그것을 그저 머리로만 아는 것이 아니다. 가슴에 간직한다는 뜻이며, 그것을 꾸준히 실천해 나간다는 뜻이다. 필자의 경우는 생각이 머리에서 가슴으로 내려 오는 데 꼬박 10년이 걸렸다. 어쩌면 자문업을 정리하고 나서야 진정으로 스스로를 돌아보는 시간을 가지고 성찰을 시작했다.

나는 인식의 포로였고 기억의 노예였다. 그 인식과 기억은 얼마나 자기 중심적이고 또 왜곡된 것이었는지. 중간에 몇 가지 작은 깨달음들이 있었겠으나, 그것이 진정 가슴에 자리 잡아 나의 것이 되지는 못했다. 한마디로 나의 인간적인 약점들을 극복하지 못했다. 종목에 대한 연구는 나름 열심히 했지만, 수양이 부족했고 이를 실천할 확신과 의지가 부족했다.

서문에서도 이미 말한 바가 있지만, 이 책은 스스로의 반성문 이자 앞으로의 투자에 있어 자경문이다. 그래서 사실 이 책은 그 누구보다도 필자 자신을 위한 것이다. 좀 더 훌륭한 투자자가 되기 위한 좁은 길을 다시 한 번 겸손하게 기도하는 마음으로 걸어가보고자 한다.

　나의 기도문은 다음과 같다.

> "인식의 한계를 인정하자. 항상 겸손하고 또 겸손하자. 빠르지만 급해지지 말고, 신중하지만 느려지지 말자. 과감하지만 무모하지 말고, 보수적이어도 열린 마음을 갖자. 좋아하지만 사랑하지 말고, 싫어해도 미워하지 말자. 시장이 탐욕할 때 절제하고, 공포에 빠질 때 용기를 갖자. 열정으로 연구를, 냉정하게 비교를, 굳센 마음으로 확신을. 최상의 지력으로 판단하고, 열정과 냉정으로 매매하여, 감사와 평안 속에 휴식을 취하자. 이제 반은 세상을 보고, 반은 자신을 보자. 성공해도 실패할 때를 생각하고, 실패해도 성공할 때를 떠올리자. 그리고 나에게 4G 앙드레 코스톨라니가 말한 주식시장에 필요한 4가지로 돈인 Geld, 생각인 Gedanke, 인내심인 Geduld, 운인 Glück가 늘 함께하길!"

지금, 우리가 주식투자를 하는 이유

경제성장의 추진력은 더 나은 생활을 누리고자 하는 인간의 욕구에서 비롯됩니다. '더 잘 살고 싶다' '더 나은 내일을 누리고 싶다'는 것은 모든 사람의 공통된 소망입니다.

우리가 투자를 하는 이유도 여기에 있습니다. 금리가 낮아졌지만, 우리는 여전히 안정된 수익을 원합니다. 시대가 어려워진 것은 사실이지만, 남보다 더 노력하면 불가능한 일도 아닙니다.

여러분의 부를 증대시키는 투자법 중에서도 주식투자는 다음과 같은 점에서 꼭 필요하고도 매력적입니다.

첫째, 나의 돈이 모두의 풍요를 개선하는 곳에 쓰일 가능성이 높다는 점입니다. 주식은 상장을 통해 주식시장에서 거래되는데, 기업은 이를 통해 자금을 마련하고 그것으로 연구개발을 하며 설비를 확장합니다. 기업이 성과를 내면 이는 곧 더 나은 상품과 서비스를 더 낮은 가격에 제공하게 될 가능성을 높입니다. 즉 주식투자는 인류의 풍요에 투자하게 되는 의미가 있습니다.

둘째, 경제에서 기업의 역할이 커졌기 때문입니다. 미국 GDP에서 기업이익이 차지하는 비중은 1980년대에 3%에 불과했으나 지금은 8~9% 내외를 차지하고 있습니다. 그만큼 우리의 생활은 기업이 만들어내는 상품과 서비스로 가득하다는 의미입니다. 경제에서 기업이 차지하는 비중이 커졌으므로 그만큼 우리의 전체 자산에서 좋은 기업의 지분을 늘리는 것은 실질적 의미를 지닙니다.

셋째, 주식투자의 경우 업황이 나빠질 것 같은 기업의 주식을 팔아 업황이 좋아질 것 같은 곳으로 갈아타기가 용이하다는 장점이 있습니다. 만약 그 사업을 내가 직접 했다면 인력과 설비 등 사업을 정리하기가 참 어렵습니다. 하지만 주식투자는 한 번 잘못 결정하더라도 손실을 최소화해 이를 개선할 수 있습니다.

에셋디자인투자자문이 걸어온 길은 청춘들의 순수한 의기투합이 뭉쳐 열정과 노력으로 10년간 만들어냈던 한 편의 드라마입니다. 이 자리를 빌어 함께했던 임직원 모두에게 감사의 말씀을 전하고 싶습니다. 또한 모든 고객분들께 다시 한 번 진심어린 감사의 말씀을 드립니다. 고객님의 믿음이 있었기에 지금의 저희가 있을 수 있었습니다.

성공투자를 위한 10가지 체크 포인트

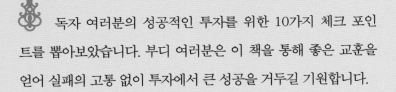

독자 여러분의 성공적인 투자를 위한 10가지 체크 포인트를 뽑아보았습니다. 부디 여러분은 이 책을 통해 좋은 교훈을 얻어 실패의 고통 없이 투자에서 큰 성공을 거두길 기원합니다.

1   돈이 많아져야 가격이 오른다는 이치를 잘 알고 돈의 흐름을 항상 주시하고 있는가?

2   본질에서 지나치게 벗어나 과열된 투자대상을 군중의 심리에 휩싸여 사고 있지는 않은가?

3 가치 대비 지나치게 싼 투자대상을 대중과 함께 팔고 있지는 않은가?

4 용기와 긍정, 절제와 겸손의 심리적 역발상을 실행할 준비가 되어 있는가?

5 구조적 저성장 속의 과도한 부채이슈 등 세상의 투자 리스크가 이전보다 높아졌음을 잘 인지하고 있는가?

6 내가 좋아하는 주식이 아니라 대중이 좋아하는 주식으로 포트폴리오를 구성해놓았는가?

7 최고의 종목발굴을 위해 '많음과 적음'의 극단이 만나는 사례를 찾고자 노력하고 있는가?

8 실패뿐만 아니라 사람들이 잘 배우지 못하는 성공에서도 교훈을 얻고 있는가?

9 정확한 분석과 확신, 심리적 안정 가운데 투자하고 있는가?

10 역발상투자의 필수요소인 자기성찰의 노력과 훈련을 계속하고 있는가?

참고자료

참고서적 & 참고논문

•고레카와 긴조, 『일본 주식시장의 신 고레카와 긴조』, 이레미디어, 2006

•귀스타브 르 봉, 『군중심리』, 문예출판사, 2013

•공자, 『논어』, 김학주 역주, 서울대학교출판문화원, 1985 ^{2015 개정3판}

•나심 니콜라스 탈렙, 『행운에 속지 마라』, 중앙books, 2010 ^{2016 신개정판}

•니얼 퍼거슨, 『금융의 지배』, 민음사, 2010

•데이비드 드레먼, 『데이비드 드레먼의 역발상투자』, 흐름출판, 2009

•로버트 라이시, 『슈퍼 자본주의』, 김영사, 2008

•레베카 코스타, 『지금, 경계선에서』, 쌤앤파커스, 2011

•레이 달리오, 『원칙』, 한빛비즈, 2018

•레이 달리오, 『Paradigm Shifts』, LinkedIn, Jul 17th, 2019

•리처드 번스타인, 『리차드 번스타인의 스타일 투자전략』, 원앤원북스, 2009

•리처드 번스타인, 『소음과 투자』, 북돋움, 2016

•모니시 파브라이, 『투자를 어떻게 할 것인가』, 이레미디어, 2018

•마이클 배트닉, 『투자대가들의 위대한 오답 노트』, 에프엔미디어, 2019

•마크 파버, 『내일의 금맥』, 필맥, 2003

•브라운스톤, 『부의 인문학』, 오픈마인드, 2019

•사와카미 아쓰토, 『시간이 부자로 만들어주는 사와카미 장기투자』, 이콘, 2006

Friedman, M. (1987) "The Quantity Theory of Money" Palgrave Macmillan, p.30

15 장하준의 경제학강의, p.85. 장하준 교수는 성장, 고용, 안정적 물가 등 모든 면에서 좋은 성과를 낸 이 기간을 '자본주의 황금기'로 묘사하고 있다.

16 토마 피케티, 『21세기 자본』, 글항아리, p.129

17 세일러, 『불편한 경제학』, 출판트러스트, p.26

18 하노 벡, 우르반 바허, 마르코 헤르만, 『인플레이션』, 다산북스, pp.116~117

19 앙드레 코스톨라니, 『돈, 뜨겁게 사랑하고 차갑게 다루어라』, 미래의창, p.75

20 하노 벡, 우르반 바허, 마르코 헤르만, 『인플레이션』, 다산북스, p.15

21 네이버 지식백과, 죽기 전에 꼭 알아야 할 세계 역사 1001 Days, 로버트 피어스, 1923.11.8

22 니얼 퍼거슨, 『금융의 지배』, 민음사, p.107

23 사와카미 아쓰토, 『불황에도 승리하는 사와카미 투자법』, 이콘, p.93

24 "[확신과 과신] 역차별의 경제학", 〈매일경제신문〉, 2019.11.14

25 세일러, 『불편한 경제학』, 출판트러스트, pp.28~29, 내용을 저자가 요약정리함.

26 He famously predicted, nine days before the crash, that stock prices had "reached what looks like a permanently high plateau." WIKIPEDIA

27 The Debt-Deflation Theory of Great Depressions, Irving Fisher, Econometrica, p.344

28 아데어 터너, 『부채의 늪과 악마의 유혹 사이에서』, 해남, p.93

29 고레카와 긴조, 『일본 주식시장의 신 고레카와 긴조』, 이레미디어, p.131

30 제러미 리프킨, 『노동의 종말』, 민음사, pp.153~154

31 아데어 터너, 『부채의 늪과 악마의 유혹 사이에서』, 해남, p. 236

32 사이토 히토리, 『부자의 운』, 다산북스, p.157

33 하노 벡, 우르반 바허, 마르코 헤르만, 『인플레이션』, 다산북스, pp.254~255

34 아데어 터너, 『부채의 늪과 악마의 유혹 사이에서』, 해남, p.281

35 아데어 터너, 『부채의 늪과 악마의 유혹 사이에서』, 해남, p.110

36 세계정책 연구소(World Policy Institute) 대표이사 미셸 부커가 2013년 1월 다보스포럼에서 처음 발표한 개념.

37 piketty.pse.ens.fr/capital21c

38 토마 피케티, 『21세기 자본』, 글항아리, p.233

39 아데어 터너, 『부채의 늪과 악마의 유혹 사이에서』, 해남, p.32

40 財政破産からAI産業革命へ, p.270

41 아데어 터너, 『부채의 늪과 악마의 유혹 사이에서』, 해남, p.149

42 아데어 터너, 『부채의 늪과 악마의 유혹 사이에서』, 해남, pp.282~283

43 앙드레 코스톨라니, 『돈이란 무엇인가』, 이레미디어, p.156

44 "When the music stops, in terms of liquidity, things will be complicated," Prince said. "But as long as the music isplaying, you've got to get up and dance."

45 토마 피케티, 『21세기 자본』, 글항아리, p.423

46 토마 피케티, 『21세기 자본』, 글항아리, p.424

47 슈테판 츠바이크, 『어제의 세계』, 지식공작소, p.369

2부 ───────────────────────────────

1 세일러, 『불편한 경제학』, 출판트러스트, p.221

2 존 M. 케인스, 고용, 『이자 및 화폐에 관한 일반이론』, 지식을만드는 지식, p.183

3 나심 니콜라스 탈레브, 『행운에 속지 마라』, 중앙북스, p.79

4 짐 로저스, 『백만장자 아빠가 딸에게 보내는 편지』, 한국경제매거진, p.100

5 하노 벡, 우르반 바허, 마르코 헤르만, 『인플레이션』, 다산북스, p.335

6 고레카와 긴조, 『일본 주식시장의 신 고레카와 긴조』, 이레미디어, p.110

7 아데어 터너, 『부채의 늪과 악마의 유혹 사이에서』, 해남, p.10

8 〈데일리안〉, 2020.5.15

9 〈중앙일보〉, 2020.5.6

10 〈조선비즈〉, 2020.6.28

11 사와카미 아쓰토, 『시간이 부자로 만들어주는 사와카미 장기투자』, 이콘, p.113

12 나심 니콜라스 탈레브, 『행운에 속지 마라』, 중앙북스, p.204

13 마이클 배트닉, 『투자대가들의 위대한 오답 노트』, 에프엔미디어, p.107

14 레베카 코스타, 『지금, 경계선에서』, 쌤앤파커스, p.140

15 짐 로저스, 『세계경제의 메가트렌드에 주목하라』, 이레미디어, p.75

16 마이클 배트닉, 『투자대가들의 위대한 오답 노트』, 에프엔미디어, p.97

17 에드윈 르페브르, 『어느 주식투자자의 회상』, 이레미디어, p.201

18 피터 L. 번스타인, 『리스크』, 한국경제신문사, p.260

19 앙드레 코스톨라니, 『돈, 뜨겁게 사랑하고 차갑게 다루어라』, 미래의창, pp.167~168

20 앙드레 코스톨라니, 『돈, 뜨겁게 사랑하고 차갑게 다루어라』, 미래의창, p.169

21 리처드 번스타인, 『리차드 번스타인의 스타일 투자전략』, 원앤원북스, p.75

22 리처드 번스타인, 『리차드 번스타인의 스타일 투자전략』, 원앤원북스, p.81

23 The Alchemy of Finance, p.3

24 장자, pp.454~455

25 앙드레 코스톨라니, 『돈, 뜨겁게 사랑하고 차갑게 다루어라』, 미래의창, p.63

26 레이 달리오, 『원칙』, 한빛비즈, p.66